順流逆流

香港近代社會影像 1960–1985

鄭寶鴻 著

商務印書館

順流逆流 —— 香港近代社會影像 1960-1985

作　　者：鄭寶鴻

責任編輯：張宇程

出　　版：商務印書館（香港）有限公司
　　　　　香港筲箕灣耀興道 3 號東匯廣場 8 樓
　　　　　http://www.commercialpress.com.hk

發　　行：香港聯合書刊物流有限公司
　　　　　香港新界荃灣德士古道 220-248 號荃灣工業中心 16 樓

印　　刷：嘉昱有限公司
　　　　　香港九龍新蒲崗大有街 26-28 號天虹大廈 7 字樓

版　　次：2023 年 2 月第 1 版第 2 次印刷
　　　　　©2015 商務印書館（香港）有限公司
　　　　　ISBN 978 962 07 5649 8
　　　　　Printed in Hong Kong

目錄

上 篇

前 言　　　　　　　　　　　　　　　002

第一章　人口與民政　　　　　　　004

第二章　風雲人物　　　　　　　　018

第三章　填海造地　　　　　　　　026

第四章　樓宇建設　　　　　　　　042

第五章　新界發展　　　　　　　　058

第六章　財經金融　　　　　　　　074

　　　　財經金融外篇——金銀幣貿易　084

第七章　銀行業　　　　　　　　　088

第八章　工業發展　　　　　　　　096

第九章　重要事件　　　　　　　　108

第十章　天氣與災害　　　　　　　122

第十一章　節日與慶典　　　　　　136

下 篇

前 言　　　　　　　　　　　　　　146

第十二章　警政與防衛　　　　　　150

第十三章　教育與學府　　　　　　158

第十四章　水務　　　　　　　　　166

第十五章　醫療衛生　　　　　　　172

第十六章　交通運輸　　　　　　　178

第十七章　通訊、廣播與報刊　　　198

第十八章　飲食場所　　　　　　　212

第十九章　辦館、士多與超市　　　224

第二十章　百貨與工展會　　　　　228

第二十一章　旅遊　　　　　　　　236

第二十二章　賽馬與體育　　　　　242

第二十三章　電影與娛樂　　　　　248

參考資料　　　　　　　　　　　　257

鳴謝　　　　　　　　　　　　　　257

前 言

由 1960 年起的 20 多年，是香港的騰飛期。最初的十年，工資不斷增加但物價平穩，到了 1970 年代才出現通脹。期間，整個社會曾經歷多次起落動盪，但充滿機遇，造就了不少白手興家的創業者，構建成龐大的企業王國。

1960 年，本港人口為 290 多萬。由 1962 年起，大量內地人士偷渡來港，旋即融入社會。十年後，香港已成為世界上人口密度最高的地方。

1978 年起，除內地來港者外，再加上數以十萬計的越南船民湧至，構成嚴峻的居住及社會問題。 1980 年，針對內地非法來港者，實施"即捕即解"措施，難題才暫告解決。

一直以來，港督職位皆為"高高在上"的殖民地官僚。經歷 1967 年的不平穩日子，當局改用"懷柔"政策，推行使官民有較直接溝通的新"民政"制度。

隨後，一改過往的習慣，委任為外交官員的麥理浩（Crawford Murray MacLehose）當港督。麥氏之"十年建屋計劃"及成立廉政公署的政績，影響深遠。往後的港督如尤德（Sir Edward Youde）及衛奕信（David Clive Wilson），皆為蕭規曹隨者。

芸芸高官當中，以首任廉政專員姬達（Sir Jack Cater）、由太古洋行"大班"轉任財政司的彭勵治（Sir John Henry Bremridge），以及曾任布政司的鍾逸傑（Sir David Akers-Jones）較有政治聲譽。

為解決交通和居住問題，和發展工業，當局繼續在金鐘舊海軍船塢、中環、灣仔、柴灣、長沙灣及九龍灣進行填海。同時開發多處荒地及山頭以興建公屋。

六十年代，商住樓宇繼續向高空發展。同時，大坑、北角半山及何文田等地的寮屋區，亦紛紛變身以興建豪宅。為配合旅遊及金融中心的地位，多幢巍峨商業大廈和高級酒店落成。當中以"創世界最高地價紀錄"的"康樂大廈"（即現怡和大廈）最為矚目。

大部分仍為農村的新界，自衛星城市荃灣於 1964 年開闢完成後，當局繼續在葵涌填海，在新土地上興建公屋、貨櫃碼頭和開闢工業區。

1970 年起，政府陸續在沙田、屯門、大埔以及新界多處發展新市鎮，又興建包括屯門公路等多條新幹道。工程完成後，近半本港人口在新界安居。

五、六十年代，英殖民地的香港，通訊設備較東南亞各地更為便捷，無外匯管制而且貨物出入境自由，使世界各地的資金，以至物料及貴金屬等，均以香港為中轉地，為金融中心的形成，創造有利條件。

當時，已有不少中外資企業，透過香港股市集資。到了 1970 年代，更為熱烈，因投資者大增導致交易所亦增至四間。20 多年來的股市，經歷多次大起大落，最後，在當局的嚴格監管下，步上正軌。

1960 年代，中外銀行數量大增，傳統的外商銀行亦紛尊降貴，積極擴展。雖然曾歷六十及八十年代的數次擠兌風潮，但終能化險為夷。

隨着觀塘、荃灣等新增工業區的落成，本港的工業亦同時飛躍發展。以紡織製衣、塑膠、金屬製品及玩具等為主。到了七十年代，電子產品及科學儀器等亦佔一重要地位。

船隻製造、維修及清拆的重工業，其基地於 1970 年代逐漸遷往青衣及將軍澳等區，原址則作地產發展。

六、七十年代，香港社會曾經歷 1966 年反天星加價、1967 年工潮引致的動盪，以及 1977 年的警廉衝突，均對人心構成極大的影響。

1983、1984 年間，於香港前途問題商談期內，亦曾引致市面及金融的波動。中英《聯合聲明》簽署後，信心恢復，地產及股票價格，重踏升軌。

20 多年來，本港曾遭多次包括溫黛、露絲等風暴，以及暴雨的蹂躪，造成船隻沉沒或擱淺，和房屋的倒塌，導致大量死傷及財物損失。

香港為華人社會，對傳統節日的農曆新年、端午、中秋，以至天后誕及長洲太平清醮等皆極為重視。一些由當局舉辦，同作點綴昇平的，如"香港週"及"香港節"等，市民亦樂於參與。

包括英女皇或皇室成員訪港，以及其他皇室盛事，當局亦刻意營造氣氛，以達致"官民同樂"的效果。

1960 年，政府進行戶口抽查，初步統計的人口數字，為 291 萬 9 千人。

1961 年 3 月 7 日，政府進行正式戶口統計，最後核實的人口數字，為 312 萬 8 千人。到了同年年底，已增至 322 萬 6 千 4 百人。該年開始換領新身份證。

1962 年 5 月起，大量內地人士偷渡來港。年底時，香港人口已增至 352 萬多人。同年，大批偷渡入境人士被截獲，遣回華界。至於獲准居留人士登記換領身份證手續，則在政府大球場辦理。

1966 年再進行的人口統計，顯示本港最稠密的地區是上環，每平方公里有居民 16 萬 5 千人，為當時日本東京的 10 倍。到了 1970 年，香港成為世界上人口最稠密的地方。

正搜捕非法入境者的港方軍警，約 1962 年。

在邊界守望的軍警，約 1962 年。

自 1967 年騷動事件後，港府於 1968 年推行民政新制，將港、九兩地劃分為十個區域，每區設一民政主任。主任將不以"官"為形象，期望能與居民打成一片。

1968 年 5 月 9 日，當局委任黎家驊、徐淦、吳國泰及何蔭璇為首批民政主任。同年 9 月 3 日，港督主持東區民政司署開幕禮。到了 1970 年，關佩英任灣仔民政主任，為首位女民政主任。

1968 年 3 月 24 日，港督府花園首次公開開放給市民參觀，為開埠以來首次。

同年 4 月 20 日，市政局在卜公碼頭舉辦"新潮舞會"，為年輕男女提供一個活動的機會。

在海旁垂釣的市民，約 1962 年。

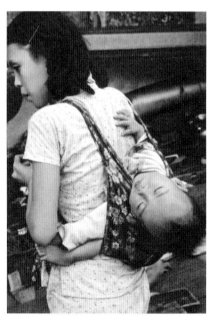

"孭仔"的婦女，約 1962 年。"唐裝衫褲"乃當時普羅婦女的衣着。

街道"騎樓底"行人路上的市民和街童，約 1962 年。

在行人路上打乒乓球的街童，約 1962 年。

1972 年 3 月 23 日，人民入境事務處宣佈，連續在港居住滿七年者，有權在港居留。

1973 年 4 月 1 日起，市政局成為獨立政府機構。官守議員及政府首長全部退出，24 個議席分為官委及民選各半，財政運用亦由市政局自主。

1976 年 7 月 19 日，本港各部門公務員之首的布政司，其英文名稱 "Colonial Secretary"，變更為 "Chief Secretary"（原意為 "首席秘書長"），中文名稱仍為布政司或輔政司。

位於中環閣麟街同德里口的街頭 "線面" 美容師，約 1975 年。

由油麻地甘肅街南望廟街的夜市攤檔，約 1972 年。

　　1978 年的統計資料顯示，本港勞動人口超過 200 萬，約佔總人口的四成，當中有半數月入不足 1,000 元，生活困苦。

　　同年，大量越南難民湧至，預料每年人口增長約二、三十萬，港人居住問題嚴峻。當年，統計處發表的香港人口為 456 萬。稍後，多艘船隻運送大量越南船民抵港。

　　1979 年，除越南船民外，亦有大量大陸移民湧入香港。年底，本港共有人口 501 萬 7 千，房屋供不應求。

　　同年 11 月，中國共產黨中央委員會主席及國務院總理華國鋒訪問英國時，就香港面對大量移民湧入之情況，表示關注並答允改善。

進入香港海域的越南難民船，約 1978 年。

在香港海域,一般遠洋輪船上的越南難民,約 1978 年。

停泊於油麻地避風塘內的多艘越南難民船，約 1978 年。

安置越南船民的位於油麻地廣東道旁之營地，約 1978 年。右方為柯士甸道口的麗澤中學。

一座位於新界的船民營，約 1979 年。

離港越南船民的行李正
被搬上飛機,約 1980 年。

1979 年因內地改革開放,香港人掀起回內地旅遊之熱潮,首兩個月已有
50 多萬人回內地。

1980 年 7 月,英國公佈國籍法白皮書,260 萬持英國護照港人的公民地
位,將變為"英國屬土公民",即是港人將不能直接進入英國。

1980 年 10 月 23 日,立法局緊急通過法案,對由內地來港的非法入境者
實施"即捕即解"政策,但有 70 小時的寬限期。為配合此政策, 15 歲以上居
民外出時,須攜帶身份證。

1982 年 3 月及 9 月,本港首次舉行新界及市區的區議會選舉。

1985 年 10 月 17 日,香港的"英國屬土公民護照",再度被轉變為"英國
國民(海外)護照"。

在羅湖車站剛下火車正準備回鄉的市民，不少挑着沉重的行李，約 1962 年。（圖片由吳貴龍先生提供）

第
二
章

風雲人物

1960 年 11 月 16 日，澳門聞人傅德蔭在香港病逝。

1961 年 5 月 1 日，美國副總統林登‧詹森（約翰遜）（Lyndon B. Johnson）抵港訪問。

1963 年 8 月 23 日，一名男子林彥章，自認是駐港英三軍司令菲士廷將軍（General Festing）於二戰滇緬戰役時的救命恩人，涉嫌招搖活動被捕。

同年 11 月 23 日，美總統甘迺迪（John Fitzgerald Kennedy）遇刺逝世，在港美僑及部分港人表示哀悼。

1964 年 3 月 25 日，李樹培夫人曹秀羣，獲委任為本港首位市政局華人女議員。到 1965 年，她亦獲委任為立法局臨時非官守議員，為首位立法局女議員。

同年 4 月 1 日，官紳歡送柏立基總督（Sir Robert Brown Black）任滿離港。4 月 14 日，曾任本港勞工司的繼任者戴麟趾（Sir David Clive Crosbie Trench）抵港就任。

同年 4 月 3 日，美前副總統尼克遜（Richard Milhous Nixon）抵港訪問。

LEUNG KUK

S EXCELLENCY THE GOVERNOR AND LADY TRENCH

訪問保良局的港督戴麟趾夫婦，約 1964 年。穿長衫者為鄧肇堅。

約 1965 年，在新界一慶典場合的邱德根（右三）、華民政務司何禮文（Sir David Ronald Holmes）（右四），以及萬國企業（後來的"和記企業"）主席祁德尊上校（Sir John Douglas Clague）（左三）。

1966 年，祁濟時（Sir Michael David Irving Gass）任香港布政司，於 1969 年離任。同年 1 月 5 日，由羅樂民（Sir Hugh Selby Norman-Walker）繼任。

1969 年 11 月 7 日，尼克遜當選美國新一任總統。

1971 年，戴麟趾退休，繼任之新港督麥理浩（Crawford Murray MacLehose），於 11 月 19 日抵港就任。麥氏為外交官，其前職為英國駐丹麥大使。

同年 12 月 7 日，行政局首席華人議員關祖堯，於會議席上心臟病發逝世。

1972 年 2 月 21 日，美國總統尼克遜訪華，港人重視。2 月 28 日，中美聯合公報發表，各方反應良好。

同年 3 月 15 日，怡和洋行董事長凱瑟克爵士（Sir Henry Neville Lindley Keswick）赴大陸訪問。

1973 年 7 月 1 日，中國政要章士釗在港病逝。

1975 年 8 月 13 日，港督委任安子介為香港貿易發展局主席。

巡視黃大仙新區的港督麥理浩，約 1975 年。其左旁為時任房屋司黎保德（Ian Macdonald Lightbody）。

1976 年 9 月 9 日，中共中央主席毛澤東逝世。一個月後，王洪文、張春橋、江青及姚文元的 "四人幫" 被捕，港人對內地的政局表示關注。

1976 年，卡達 (Jimmy Carter) 當選美國總統。

1977 年 3 月 9 日，新加坡總理李光耀訪港。

1978 年 12 月，中美建立邦交。

由廉政專員升任布政司的姬達爵士 (Sir Jack Cater)，於 1981 年底改任香港駐英專員，由財政司夏鼎基 (Sir Charles Philip Haddon-Cave) 繼任布政司。

至於財政司一職，則由太古洋行前主席畢力治 (新官式譯名為彭勵治 Sir John Henry Bremridge) 繼任，為首位擔任此職的商界人士。

而新界政務司鍾逸傑 (Sir David Akers-Jones) 則升任為政務司。

由財政司升任布政司的夏鼎基，1981 年。

1982 年 5 月 8 日，港督麥理浩卸任離港。5 月 20 日，尤德爵士（Sir Edward Youde）抵港繼任香港總督。尤氏曾任英國駐中國大使。

1985 年 10 月 19 日，美國副總統布殊（George Herbert Walker Bush）訪港，曾參觀中華電力公司電廠。

1986 年 12 月 4 日，港督尤德在北京的英國大使館逝世，由 "中國通" 魏德巍（David Clive Wilson）繼任港督，其中文官式譯名後來改為衛奕信。

華人高官陳祖澤及張敏儀，約 1985 年。

在屋邨巡視的港督尤德伉儷，約 1982 年。

1960 年 1 月，官塘工業區填海工程全部完成，已建成工廠 75 座及若干座商業中心，包括政府合署、郵局、生死註冊署、市政事務署及勞工署等政府建築亦陸續興建。介乎淘化大同廠房至佐敦谷之間的一段官塘道亦開始建築。當年，已闢成八條馬路，亦有十座徙置大廈落成。

官塘的發展於 1964 年大致完成，同年易名為"觀塘"。

1960 年 2 月，政府開始在金鐘區舊海軍船塢的沿岸地段，開闢夏慤道，包括部分舊船塢、水警碼頭及軍器廠街碼頭亦陸續拆卸。

同年，正在興建的政府廉租屋有蘇屋邨及彩虹邨。而房屋協會亦在興建深水埗營盤街的李鄭屋邨、紅磡馬頭圍道、官塘，以及港島的健康邨、丹拿山、北角及筲箕灣等地興建包括花園大廈及明華大廈等廉租屋。

同年 11 月，政府開始清拆何文田木屋區，近 3 萬人受影響，其中有 1 萬人為"黑市"住戶。其鄰近山谷道的木屋區亦拆卸，以興建廉租屋。

李鄭屋邨徙置區及右上方的廉租屋蘇屋邨，約 1960 年。

徙置區市集內的居民，約 1965 年。

1960 年代初，九龍的工業區有荔枝角、長沙灣、土瓜灣、新蒲崗、牛頭角及官塘。

1961 年 11 月 6 日，官塘一幅大地段開投，底價 335 萬元，每呎地價為 35 元。

同時，當局限令多個灣頭的住家艇，限期移居陸上。

1961 年底，當局在橫頭坊（橫頭磡）開闢徙置區。

同年，徙置事務處將部分調景嶺地段改闢為徙置區，居民反對，實行罷市罷課抗議。

1962 年 12 月 9 日，蘇屋邨一帶街道有近萬人露宿，輪候該廉租屋的申請登記。

1963 年，為解決中區的交通擠塞，開始進行由愛丁堡廣場起，至上環林士街的填海工程。1964 年 5 月 1 日，當局亦着手進行由舊海軍船塢至波斯富街，沿告士打道伸出至吉列島（後改名奇力島）範圍的填海工程，全部工程於 1969 年完成。

1964 年 8 月 28 日，海軍船塢地皮共劃分為 17 幅，陸續推出供投標。

正進行填海的中環，1963 年。仍見位於畢打街口的卜公碼頭。

慶祝辛亥革命期間的調景嶺，1988 年。（圖片由何其銳先生提供）

由部分啟德機場及跑道轉變而成的新蒲崗，即將興建工廠大廈及民居，右方為彩虹道。約 1961 年。

在第二代卜公碼頭前端垂釣的市民，約 1973 年。

1963 年，當局大力發展柴灣，闢建可容納近 28,000 人的徙置區，以及容納原設於寮屋之小型工業的工廠大廈。該等小型單位由 1957 年時的 198 平方呎提升至 256 平方呎。

同年，可容納 43,000 多人的彩虹邨廉租屋開始入伙，由港督柏立基主禮。1965 年 4 月 22 日，以及 8 月 12 日，馬頭圍邨以及全港最大的慈雲山徙置區先後入伙，皆由港督主禮。

1966 年 2 月 10 日，筲箕灣明華大廈廉租屋落成入伙。

一直皆為封閉道路的雲咸街，於 1964 年 11 月 2 日開放行車，兩天後隨即發生兩死一傷的嚴重車禍。

1966 年 5 月 27 日，港督主持重建落成之皇后像廣場揭幕，該公眾廣場是由香港政府及滙豐銀行提供地段而構建者。

1967 年 8 月 4 日，木棉道（後來改名紅棉路）連天橋，正式啟用。

1968 年 10 月 29 日，護督祁濟時主持荔枝角大橋，以及連接的葵涌道啟用禮。

同年 9 月 27 日，共有 7,788 個單位，可容納 53,000 多人的薄扶林廉租屋華富邨開始入伙。

始於 1952 年，歷時 17 年、由愛丁堡廣場一帶開始至摩利臣街的中上環填海工程，於 1969 年全部完成。干諾道中被擴闊為一條雙程四線行車的大道，並在新海旁興建多座碼頭。

由銅鑼灣望灣仔填海區，約 1968 年。

1969 年 8 月 5 日，政府出租尖沙咀
現中港城所在的地段予九龍倉，以興建
貨櫃碼頭，為香港的首座。一年後，政府
售出葵涌三座貨櫃碼頭的地段。地價不
高，但投得者需投入龐大資金進行建設。

1970 年 6 月 24 日，港督主持尖沙咀
拆卸威菲路兵房，改建為九龍公園之典
禮。

同年 11 月，第 500 座新區（前名徙
置區）大廈在藍田（前名鹹田）落成，為
第一座個人居住面積達 35 平方呎的新大
廈。這些大廈已接近廉租屋的標準。

1971 年 4 月，清水灣道口的廉租屋
坪石邨入伙。

約 1970 年的尖沙咀迄至旺角的景象。海運大廈左方的九龍倉即將拆卸以興建
包括海洋中心等 “海港城” 的建築羣，正中可見貨櫃碼頭。

土瓜灣，1969 年。正中是
土瓜灣道、中左部橫亙的
是浙江街，其與下鄉道交
界的是 “唯一工業大廈”，
右上方可見馬頭角道的煤
氣廠。（圖片由吳貴龍先
生提供）

牛池灣彩虹道（前）、觀塘道（右中）及清水灣道交匯處，約 1972 年。正中是彩虹邨、右方是坪石邨，右下方軍營部分現時是居屋麗晶花園所在。

馬頭角道，由土瓜灣道向北望，1969 年。左方可見煤氣廠及牛房。右方為鶴齡街
至龍圖街的 11 條街道。背景可見馬頭涌道的馬頭圍邨。（圖片由吳貴龍先生提供）

　　1972 年 10 月 18 日，港督麥理浩在首份施政報告中，提出龐大之"十年建屋計劃"。為達致此目標，在屯門、荃灣、沙田及新界其他地區開拓土地。

　　政府於 1973 年收回中區木球場，以改闢建遮打花園。

　　1973 年 5 月 27 日，當局宣佈取消"新區"及"廉租屋"的名稱。"新區"易名為"乙類屋邨"，"廉租屋"易名為"甲類屋邨"。

　　1975 年 2 月 17 日，在九龍包括通菜街、花園街及順寧道等 15 條街道，試設"小販認可區"。6 月 7 日，開始劃定擺賣人位置。

約 1984 年的沙田。左中部為屋苑沙田第一城,右中部運動場旁為禾輋邨廉租屋,右下方為香港體育學院。

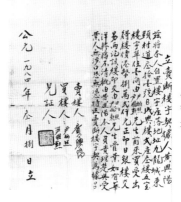

九龍寨城東頭村道樓宇的買賣契約，1984年。"買賣見證人"是"九龍城岩（寨城）街坊福利會"的印章。

1977 年 10 月，受地下鐵路工程影響，港九共有 19 個地區下陷，油麻地有四幢大廈受影響。因地鐵的因素，1978-79 年間，多幅拍賣的土地均創高價，樓價及屋租亦同告狂升。

1978 年，首批"屋者有其屋"的售價公佈。各區單位中，以何文田的俊民苑最搶手。1980 年，包括俊民苑、順緻苑、漁暉苑、穗禾苑及愉城苑等在內的首批"屋者有其屋"入伙。

1980 年落成的屯門安定邨，為香港的第 100 個公共屋邨。

1981 年，土地供應委員會向港府提議，成立一"土地發展公司"。公司於 1988 年 1 月 15 日成立，2001 年轉變為"市區重建局"。

1982 年 7 月，港府動用逾 22 億元收回天水圍，並與發展商達成協議，用 12 年時間，建成一個可容納約 13 萬人的屋邨。

1984 年，中英政府同意，自《聯合聲明》生效日開始，迄至 1997 年 6 月 30 日的過渡期間，每年批出的土地限額為 50 公頃。賣地收入一半歸香港政府，另一半留交將來的特別行政區政府。

中英政府經過外交接觸後，於 1987 年 1 月 14 日公佈，將全面清拆九龍寨城，闢建為"九龍寨城公園"。俟後，這困擾內地和香港多年的"三不管"地帶，徹底改觀。

位於狹窄的龍津路內的"九龍城寨（寨城）業主聯誼會"，約 1985 年。該會是辦理物業交易者。

約 1985 年九龍寨城雜亂無章的屋宇。左方為賈炳達道公園，右方為東正道。

第四章

樓宇建設

1960 年，市區的建築物繼續向高空發展，市中心已有多幢約 20 層的建築物出現。同年落成 22 層高的於仁大廈（後來易名為太古大廈），比一年前落成，全港最高的渣打銀行大廈高 6 呎。

同年落成的大廈還有：利園山道的鳳鳴大廈、波斯富街（樓下為中國國貨公司）的軒尼詩大廈、百德新街（樓下為大丸百貨公司）的華登大廈等。落成於 1933 年，位於彌敦道有商店 50 多間的重慶市場，亦於 1961 年改建成重慶大廈。

以下為 1961 年 7 月香港的土地價格：

- 中環銀行區：每呎 800 至 1,000 元；

- 銅鑼灣：每呎 500 至 600 元；

- 尖沙咀旅遊區：每呎 700 元；

- 旺角彌敦道（旺油街至亞皆老街）：每呎 700 至 800 元。

約 1961 年的銅鑼灣告士打道"東角"地區。前方為避風塘，右方正興建海殿大廈。怡和貨倉（渣甸倉）東鄰為剛落成位於百德新街的住宅羣。而貨倉亦於 1970 年代初改建為怡東酒店及世界貿易中心。

1961 年 7 月 14 日，尖沙咀碼頭左側、梳士巴利道與廣東道間，九龍倉第 46 至 51 號，共 42,175 平方呎的貨倉及商業用地公開招投，所得款項用作將九龍倉之一號橋（碼頭）改建為海運大廈。貨倉地段於 1968 年建成 "九龍商業中心"。稍後轉售予置地公司，並易名為 "星光行"。

同年，大東電報局後方位於遮打道的建築物拍賣，以每呎 800 元的 "天價" 成交，後來建成 "壽德隆"（Sutherland）大廈。

1961 年落成的住宅樓宇，還有：

皇后大道西與屈地街之間，煤氣公司舊址的永華大廈；

銅鑼灣告士打道的海殿大廈；

莊士敦道 164-176 號，英京酒家對面的美華大廈；

鄰近莊士敦道與灣仔道交界，舊二號差館所在的中匯大廈；

羅便臣道 82 號，標榜 "永久免收管理費用" 的百都花園大廈；

英皇道皇都戲院西面的南方大廈。

1963 年的中環。正中為重建之太子行的地盤，其前方的皇后像廣場仍未重整。愛丁堡廣場西端正開始填海。

由結志街向下望卑利街，約 1966 年。可見位於兩旁之唐樓店舖的招牌，亦可見榮生祥辦館及大鴻圖麻雀館的招牌。其背後是位於皇后大道中"花布街"（永安街）口的雄心洋服店。

1961 年，地產商人致力發展北角半山區，在 1958 年及 1959 年間築成的天后廟道及雲景道上，興建多座包括雲峰、峰景及摩天等高尚住宅大廈。

同年 11 月 1 日，港府接收美利兵房，美利樓被改作差餉物業估價署。該座位於花園道（現中銀大廈所在）的建築物，曾於 1963 年 4 月"鬧鬼"。該署決議請佛教聯會的高僧"驅鬼"，於 5 月 20 日開壇唸經。

1963 年，德輔道中 63 至 65 號，京滬飯店所在的"愛羣行"拆卸，以興建華人銀行大廈。而其西鄰 67 號的"爹核行"（David House）亦同時拆卸，以興建"聯邦大廈"（現永安集團大廈）。

1965 年，由太子行改建的太子大廈落成，其連接文華酒店的天橋亦同時建成啟用。

同年落成的住宅大廈，有灣仔的文熙大廈及城市大廈、銅鑼灣的香港大廈、旺角的新興大廈，以及多座位於觀塘月華街的住宅大廈。

同時，曾於 1960 年 7 月發生大火，位於渡船角的九龍倉棉花倉，亦被拆卸改建為包括文英、文華等的 8 座住宅大廈。

筲箕灣淺水碼頭村及背後的山邊木屋，約 1965 年。

在油麻地渡船角，原九龍倉棉花倉地段上興建的 8 座以"文"字為首的大廈，約 1966 年。正興建的是文英樓。前方是佐敦道碼頭旁的渡船街。

約 1966 年的荃灣，右方是青山道（青山公路）。前中部是剛落成的福來邨廉租屋。

被稱為"紅磚屋",落成於 1929 年的"海員及海軍之家",約攝於 1980 年。左方為晏頓街。這幢大樓於 1990 年代初被改建為"衛蘭軒"。(圖片由何其銳先生提供)

　　1966 年 11 月 17 日,港督戴麟趾主持美孚新邨的奠基禮。首批樓宇於 1968 年入伙,全部樓宇於 1970 年代中落成。

　　自 1965 年的銀行風潮開始,再經歷 1967 年的騷動後,地產業隨即一蹶不振,樓價曾於騷動期間下跌一半。1968 年 10 月開始復甦。當時四幅官地開投,競爭熱烈,分別超出底價四至五倍成交。

　　到了 1969 年 11 月 28 日,尖沙咀地王競投,美國財團以 1 億 3,000 萬元之超高價投得,用作興建喜來登酒店,於 1973 年落成。

　　1969 年落成的名廈,有位於中環重建的聖佐治大廈及司徒拔道的友邦大廈。

　　1970 年,置地公司在半山地利根德里,興建 35 層高,圓形的世紀大廈。

　　同年,置地公司以創本港及世界地價最高紀錄的 3 億 5,800 萬,投得中區新填地的地王,在此興建亞洲最高的康樂(現怡和)大廈,於 1973 年落成。金銀證券交易所亦遷至此。

　　位於花園道,工務局總辦事處所在的美利大廈,同於 1970 年落成。

　　1975 年,置地公司重建歷山大廈,於 1977 年落成。同年起,該公司又拆卸其對面的告羅士打行,以及西鄰的連卡佛大廈、公爵行、皇后大道中的公爵行和公主行,以興建置地廣場。

　　曾設有"遠東交易所"的第一代華人行,於 1976 年重建,拆卸期間曾發生大火。

由尖沙咀望油麻地及旺角,約 1972 年。前方的九龍公園仍見軍營存
在。前中部為柯士甸道與彌敦道交界的倫敦戲院。區內高樓大廈林立。

干諾道中，1971 年。可見興建中的康樂（怡和）大廈。大會堂的右方可見香港會所、水星大廈及興建中的富麗華酒店。

由山頂望維港兩岸，1973 年初。左方可見將落成的康樂（怡和）大廈，舊中國銀行前是富麗華酒店。在灣仔新填地上，已落成首座建築物電訊大廈。

　　1977 年，住宅樓宇的售價，包括北角、銅鑼灣、灣仔、跑馬地及中區，以建築面積計，為每平方呎 350 至 450 元；半山區的大型住宅則為 600 元；西環、筲箕灣則為 280 至 320 元；尖沙咀為 400 元；荃灣、沙田為 300 元。

　　到了 1978 年，市區的住宅新樓，普遍為每平方呎 600 元以上，比一年前上升了百分之五十，導致不少經營者拋棄本業，將戲院、貨倉、工廠改建為住宅。

　　1980 年代初，部分地區樓價曾上升至每平方呎超過 1,000 元，可是在 1983、84 年間，香港受到前途不明朗所困擾，樓價曾下跌至 1978 年的水平。中英《聯合聲明》簽訂後，樓價又復上升，亦有不少外資湧入。

　　1985 年 4 月，政府拍賣金鐘道第二幅地王，由太古地產以 7 億多元投得，連同先前投得的第一幅，用作興建現太古廣場所在的綜合大樓及酒店。

　　另一個尖沙咀廣東道的地段，則由星島報業集團等投得，以興建現時"力寶太陽廣場"等商廈。

九龍城福佬村道的新舊樓宇，約 1972 年。

由鴨脷洲望香港仔，約 1975 年。左上方成都道及南寧街之黃埔船塢正在平整地盤，以興建香港仔中心屋苑。右中部的舊警署現為"蒲窩"，其對上處為廉租屋漁光邨。正中可見"太白"（右）及海角皇宮（左）兩艘海鮮舫。

約 1987 年的干諾道中，可見即將通車的行車隧道。左方為交易廣場。

第五章

新界發展

1960 年 1 月 5 日，荃灣與荔枝角間被稱為 "垃圾灣" 的醉海灣，進行大規模填海，拓地約 3,000 英畝。新填地區定名為 "葵涌"。到了 1964 年，共獲 6,000 英畝土地，其中 1,000 英畝將用作工業用途。

而荃灣開闢為衛星城市的進展也十分順利，政府機關、學校、住宅及戲院等，為配合工業發展而紛紛興建，當時預計可容納 60 萬人口。此外，多個新界地區，亦着手發展為現代的商住城市。

1961 年 4 月 25 日，荃錦公路正式通車。

1963 年 4 月 23 日，石鼓洲戒毒康復院開幕。

1964 年 1 月 28 日，元朗十八鄉代表選舉，在防暴隊正式戒備下完成。5 月 4 日元朗舉行慶祝天后誕會景巡遊大會。

元朗區的稻田和牧牛童，約 1960 年。

香港近代社會影像 1960–1985

順流逆流

正在插秧的農婦，約 1962 年的元朗。

"元朗十八鄉暨花炮會"，慶祝天后誕的表演巡遊大會，約 1966 年。

元朗區的魚塘，約 1965 年。

曾於 1955 年及 1956 年兩度遭遇大火的上水石湖墟，於 1964 年 3 月 15 日慶祝重建落成，舉行會景巡遊及慶祝大會。

迄至 1964 年，長洲的電力是由成立於 1913 年的長洲電力公司所供應，創立者是當時的居民、漁民及小型工業經營者。1970 年代，轉為由中華電力供應。

1966 年，新界的主要養蠔區為深灣（后海灣），範圍約有 6,000 畝。養蠔業在新界已有 700 年歷史。

1968 年 8 月 27 日，鄉議局大會通過在新界設跑狗場，但最終未能成事。

同年 10 月 20 日，舉行慶祝大埔建墟 75 周年會景巡遊。

大澳水鄉的棚屋,約 1960 年。

西貢區的村屋和碼頭,約 1960 年。

長洲太平清醮的飄色，約 1960 年。　　　　手抱肥鵝的新界農婦，約 1962 年。

與眾鄉紳閒談的新界大埔理民府官鍾逸傑,約1966年。

1969 年,新界的稻米分別有:齊眉、絲苗及黃粘等,年產最高為 50 萬擔。同年,稻米豐收,農田呈現一片金黃色。

不過,往後的十年,蔬菜已取代稻米成為主要的農作物,因種菜的收益較種稻米多幾倍。

農民亦用棄耕的農田及荒地,種植甜薯等雜糧,亦有種果樹及花卉。

當時,新界共有魚塘 2,200 畝,主要位於元朗。出產品種為烏頭、鯇魚、扁頭、大頭魚及鯉魚。

1969 年 9 月,政府開始將沙田闢為衛星城市和工業區,可容納居民數十萬人。同時亦發展葵涌、青山(屯門)、西貢及青衣,以讓市區人口居住。連接葵涌及青衣的大橋於 1974 年通車。

"洪水橋花炮會"舉辦巡行中的兩座"花炮",約 1965 年。

天后誕,泊於大廟灣的進香船,約 1965 年。右方船上可見一座巨型"花炮"。

1970 年代中的青衣區。左方為第一條大橋。

開始填海的沙田，約 1970 年。前中部為泊於沙田墟對開海面之海鮮舫 —— 沙田畫舫。

　　1973 年，在青山灣進行填海，闢地建新市鎮。又在沙田填海興建屋邨、商場及新馬場。1976 年 3 月 13 日，工務司麥德霖 (David Wylie McDonald)，主持沙田瀝源邨的落成禮。

　　荃灣衛星城市，自 1964 年發展完成後，再度發展為新市鎮，迄至 1977 年的 13 年發展過程中，包括關門口、河背、楊屋村、中葵涌、下葵涌、石圍角、古坑、二陂圳、鹹田與海壩等，多條位於市中心的古舊村落相繼遷建，演變為整齊的新村，部分則消失。不過三棟屋村和附近的天后廟，則作為地方文物而予以保留。

　　部分上述的遷建，是配合地下鐵路的發展者。

　　1970 年代初起，青衣島發展為造船工業基地。

　　自 1972 年開始興建的屯門公路，首段於 1978 年 5 月 5 日通車，全線通車則於 1980 年。

發展中的沙田，約 1976 年。左中部是瀝源邨，右方是興建中的禾輋邨。前
中部的填海地段是圓洲角及現 "富豪花園" 所在。左中部仍可見沙田畫舫。

約 1980 年的沙頭角。右中部為中英街。

1980 年，港府計劃發展離島及大嶼山，打算興建大橋或隧道連接葵涌、青衣和馬灣，在青衣島填海發展市中心，又計劃在大嶼山赤鱲角興建新機場。

1980 年，在大澳興建，一共有七座樓高三層的"龍田邨"落成，為離島的首座公共屋邨。

1985 年，新界區多條區際公路陸續通車，當中包括沙田至上水之幹線吐露港公路。

至於沙田新市方面，隨着新翠邨、隆亨邨、秦石邨的入伙，以及美林邨、博康邨的陸續落成，沙田的發展接近完成。沙田大會堂亦於 1986 年啟用。

同時，屯門、荃灣、青衣及坪洲的發展亦加緊進行，將軍澳公共房屋寶林邨及翠林邨亦告落成。政府又計劃在將軍澳興建本港的第三個工業邨。

1985 年 4 月 1 日，新界"臨時區域議局"成立，張人龍任主席。到了 1986 年 4 月 1 日，易名為"區域市政局"，與市政局分管全港的市政服務。

迄至 1986 年，當局為發展新界的新市鎮，已開闢了 6,000 公頃的土地，在新市鎮居住的人口總數已達 160 萬。當時預計到了 90 年代初將達 300 多萬。

約 1984 年的屯門。前方為蝴蝶灣，正中的屋苑由左至右分別為：美樂花園、湖景邨及兆禧苑。右方為青山灣泳灘及三聖邨。

1960 年，香港發行 1 元金屬硬幣，以取代 1 元鈔票。因需保持 1 元鈔票的清潔，而頻印新鈔取代，所耗太大。

根據 1961 年的統計，政府發行的鈔票及硬幣數量如下：

1 元鈔票	31,741,487 元
1 元硬幣	11,999,700 元
1 仙鈔票及 5 仙、10 仙、50 仙金屬輔幣	29,987,148 元

而滙豐、渣打及有利三間銀行所發出的鈔票，合計共為 952,940,645 元（約 9 億 5,000 多萬元）。

1960 年的股市，是戰後最旺盛者。全年股價上升約 50%，投資者全獲厚利。原因是工商業發達，經濟繁榮。當時的香港已是亞洲金融中心。

股票市場的 "香港證券交易所"，共有 64 間公司的股票掛牌，而流通量大的只有約 15 間。

1962年中環街市前的皇后大道中。右方為位於100號的高陞茶樓,左中部香煙招牌的下方,為寶生銀號。

1961 年中，有新股九龍巴士及怡和洋行掛牌買賣，引起認購熱潮。兩間公司首日掛牌的成交價格，均較招股價高出一倍。

1965 年 1 月 25 日，為應付市民農曆新年所需，政府特別印行 5 仙及 10 仙鈔票，每人限換每種 100 張。到了 1969 年 9 月 1 日起，上述兩種貨幣連同 1960 年前發行之 1 元鈔票，全部停止在市面流通。

1966 年，當局將差餉及標準稅率調高如下：

市區及新九龍差餉	17%
新界區差餉	11%
標準稅率	由 12.5% 升至 15%

1967 年 11 月 20 日，港幣跟隨英鎊貶值 14.3%。銀行停業一天，調整外匯匯率。11 月 23 日，港幣對英鎊回升 10%。

是次英鎊貶值，因港幣的儲備為英鎊，申算香港損失了 4 億 5,000 萬元，平均每名市民損失了 120 元。因此，港府後來重新考慮港幣與英鎊的關係。1970 年代初改為與美元掛鈎。

約 1970 年，位於公爵行的香港證券交易所交易大堂內的經紀。由左起依次可見：
油蔴地小輪、九燈、港燈、電話、中華煤氣等公司的交易牌板。

香港證券交易所月刊，1980 年。

1968 年 3 月 18 日，國際黃金採取雙價制，即不能維持每 35 美元兌換一盎司黃金，本港金價攀升。

1969 年 12 月 17 日，設於華人行新開辦的"遠東交易所"開幕，共有會員經紀 45 名，為香港的第二間證券交易所。

同年，恒生銀行推出計算兩間交易所股票漲跌的指數，名為"恒生指數"，追溯至 1964 年，以 100 點為基數計算。當時分別有：恒生指數 (香港) 及恒生指數 (遠東) 兩種。稍後取消"遠東"只計算"香港"一種。

1970 年 7 月 6 日，政府委任女政務官陳方安生，出任助理財政司。

1970 年 2 月，香港修改公司法例，規定股票必須在"認可證券交易所"報價上市。

直至 1970 年底，本港共有註冊證券交易所七間，但只有"香港"及"遠東"兩間有活躍的交投。

1970 年 12 月 31 日，港府接到兩間證券交易所的申請承認，為將開業的"金銀證券交易所"，及已經開業的"聯合證券交易所"。但稍後公佈，港府只承認金銀證券交易所。

於旺角舊滙豐大廈 (現惠豐中心所在) 開業，由前律師鄧漢齊任主席的聯合證券交易所，隨即結業。

金銀證券交易所於 1971 年 3 月 15 日開業，初期場址設於德輔道中與永安街 (花布街) 交界的大生銀行大廈。1973 年遷往康樂 (現稱怡和) 大廈。

已遷往和記大廈之香港證券交易所的交易大堂，約 1974 年。

1971 年 12 月 18 日，黃金的國際官價，每盎司由 35 元改為 38 元。

到了 1972 年 5 月 18 日，金價狂漲，由過往每兩 270 元升至 392 元。

由 1969 至 1971 年間，大量新股上市，但各公司股票的流通量有限，本港及海外的投資者大量吸納，求過於供，導致股價急升。

當時，各報章皆有股票專欄，亦有一、兩份以股票新聞為主的報刊。

1972 年 1 月 5 日，位於中環萬邦行的"九龍證券交易所"開業後，本港進入"四會"(四間交易所) 時期。

同年 10 月 30 日，置地公司宣佈收購牛奶公司，消息刺激股市，當日的交投總額達 4 億 4,000 多萬元，為歷史上的高紀錄。同年 11 月 29 日，置地公司主席亨利·凱瑟克 (Henry Keswick) 公佈收購成功。

1973 年 1 月 12 日，為遏抑投機狂熱，4 間交易所的股市參觀室關閉。由 2 月 28 日起，下午停止買賣。

1973 年 3 月 9 日，股市創下最高紀錄，恒生指數達 1774.69 點之後，旋即崩瀉。當時共有 224 間上市公司的股票總市值為 5,100 億元，兩個半月後，慘跌至 2,800 多億元，損失近半。

同年 3 月至 9 月間，發現包括合和及和記企業等若干間公司的假股票，人心惶惶，股價持續下瀉。到了 1974 年 12 月 10 日，恒生指數只有 150.11 點；到了 1975 年 1 月 23 日，更跌至新低。當時，包括和記企業在內的多間上市公司陷於困境。為作挽救，滙豐銀行於同年 9 月 4 日，以每股 1 元的價格收購和記企業的新股，涉資 1 億 5,000 萬元，並旋即將該公司進行整頓。

位於中環新世界大廈的遠東交易所大堂，約 1978 年。

俟後，受到港府興建地下鐵路，以及多項合併收購的消息刺激，股市逐漸由低點反彈。

1975 至 1976 年間，香港開始發行 2 毫、2 元及 5 元硬幣。但香港於 1978 年間，出現嚴重的 1 毫、2 毫輔幣荒。

1977 年 5 月 9 日，"香港商品交易所"成立，早期只有原糖、黃豆及黃金的期貨交易。到了 1985 年，易名為"香港期貨交易所"。1986 年 5 月 6 日開始，推出"恒生指數期貨"。

1978 年，香港的轉口貿易增長 34.2%，是中國內地採取改革開放政策的反映，到了 1979 年，中國內地推行"四個現代化"運動，對中國香港經濟的推動，貢獻更大。

同年，和記企業與黃埔船塢合併，成為"和記黃埔"。到了 1979 年 9 月 25 日，滙豐銀行將名下的"和記黃埔"股票，轉讓予李嘉誠的"長江實業集團"。

1979 年 8 月 21 日，為抑制本港內部經濟過熱，銀行第二次提升利率，最優惠利率升至十四厘半，而儲蓄存款利率亦升至九厘七五。到了 1981 年 10 月 7 日，最優惠利率升至二十厘的空前新高紀錄。

同年 9 月，金價升破每兩 2,000 港元的關口。一年後，外圍金價升至每盎司 850 美元，伸算為每兩 4,700 多港元，稍後下跌至每兩約 3,500 港元。

1980 年 6 月 23 日，"船王"包玉剛以每股 105 港元的收購價，成功從置地公司手中奪得九龍倉之控制性股權。

1982 年 2 月 12 日，置地公司以 47 億 5,000 萬元，投得中區地王以興建"交易廣場"，將來由四間交易所合併成立的"香港聯合交易所"亦遷至此。

同年 11 月 1 日，新鴻基地產收購九龍汽車有限公司（九巴），約 30% 的股權。

1982 年 9 月 6 日，油麻地彌敦道大華戲院旁的"謝利源金舖"突告停業，引起一片"紙黃金"的恐慌。2,000 多名持有"紙黃金券"的市民，向消費者委員會投訴。

1982 年 9 月，英首相戴卓爾夫人（Margaret Thatcher）訪京後抵港，受到中英就香港前途問題有重大分歧影響，股市大瀉 45%。

1984 年 3 月，怡和洋行宣佈遷冊至百慕達。在香港問題談判的關鍵時刻作此舉動，令港人震驚。

中英《聯合聲明》於 1984 年簽署。一年後的 1985 年 12 月，恒生指數升至 1762 點，接近 1973 年的高峰。

1986 年 10 月 6 日，由香港證券交易所、遠東交易所、金銀證券交易所及九龍證券交易所（四會）合併而成的"香港聯合交易所"正式開幕。

N a m e	Authorised Capital (No. of Shares)	Issued Capital (No. of Shares)	Par Value	Total Reserves	Date of Last Balance Sheet	Net Profit	Carried Forward
Harbour Centre Development Ltd.	22,000,000	21,000,000	$5	41,743,580	31-12-78	35,764,756	6,960,740
Harbour Engineering Co., Ltd.	100,000,000	64,800,000	$0.50	Dr.21,145,000	31-12-78	Dr.5,235,000	Dr.25,813,000
Harriman Holdings Ltd.	50,000,000	37,000,000	$1	11,215,467	31-3-79	3,968,618	3,331,760
Haw Par Brothers Int'l Ltd.	200,000,000	124,201,081	S.$1	Dr.$8,087,000	31-12-78	DrS$5,216,000	S$17,624,000
Hitachi Ltd.	10,000,000,000	2,619,352,005	¥50	¥626,388	31-3-79	¥97,032m	¥478,758
H.K. Aircraft Engineering Co., Ltd.	10,000,000	7,055,000	$2	42,756,000	31-12-78	35,433,000	42,756,000
H.K. Building & Loan Agency Ltd.	10,000,000	6,776,000	$5	22,739,887	31-12-78	9,874,717	4,239,887
H.K. Carpet Manufacturers Ltd.	40,000,000	19,325,600	$2½	16,249,168	31-12-78	8,935,516	7,858,179
Hong Kong & China Gas Co., Ltd.	22,500,000	16,632,000	33⅓ p	104,066,489	31-12-78	23,578,410	9,406,831
Hongkong Electric Holdings Ltd.	750,000,000	635,040,000	$2	396,892,000	31-12-78	255,348,000	49,551,000
Hongkong Engineering & Construction Co. Ltd.	12,500,000	12,000,000	$2	56,623,772	31-12-78	11,614,095	7,486,929
Hongkong & Kowloon Wharf & Godown Co. Ltd.	125,000,000	96,286,603	$10	801,887,079	31-12-78	120,580,545	135,784,696
The Hongkong Land Co., Ltd.	800,000,000	575,978,812	$5	3,194,200,000	31-12-78	279,500,000	293,700,000
Hong Kong Realty & Trust Co., Ltd. ("A" Shares) .... Ex Div.	500,000,000	121,770,000	$1	427,502,703	31-3-79	51,633,781	59,689,667
Hong Kong Realty & Trust Co., Ltd. ("B" Shares) .... Ex Div.	500,000,000	83,435,000	$0.20	— " —	— " —	— " —	— " —
The Hongkong Shanghai Banking Corporation	800,000,000	692,915,217	$2.50	1,722,458,000	31-12-78	726,801,000	295,230,000
The Hong Kong & Shanghai Hotels Ltd.	80,000,000	62,280,000	$2½	53,004,678	31-12-78	54,565,620	1,054,678
Hong Kong Telephone Co., Ltd.	70,000,000	60,137,000	$10	657,400,000	31-12-78	191,900,000	151,300,000
Hong Kong Worsted Mills Ltd.	26,220,000	15,120,000	$1	2,218,015	31-12-78	726,637	Dr.570,898

1980 年 2 月，香港證券交易所的股份成交統計表，可見包括：港機工程、中華煤氣、港燈、九龍倉、置地、滙豐銀行、大酒店及電話等公司的市值及股價等資料。

財經金融外篇 —— 金銀幣貿易

1950 年代初，大量積存於中國內地的銀幣，包括清朝及民國期間所鑄造及行用者，運抵香港。透過一間寶生銀號（後來改為銀行， 2001 年併入中銀香港），出售予各金銀號，不少被熔鑄成銀條以作銀器，以及出口往外國套現。

當中有不少稀罕銀幣為中外藏家所收購。

自該段時期起，香港已成為金銀幣的集散中心。主因是香港無外匯管制，金銀之出入口是頗自由者，這現象是促使香港成為金融中心的遠因之一。

約 1960 年，更多銀幣及小部分金幣流入香港。除中國內地及中國香港於 1935 年前所行用者外，還有大量來自歐美、非洲、澳洲及東南亞國家的銀質硬幣，而其銀含量的價值，較該硬幣的面值高出很多，故運至香港熔掉出售大利可圖。

1960 年代中，大部分國家的銀幣改為用其他廉價金屬鑄造，流入香港的銀幣才告減少。

1914 年的中國銀幣，袁世凱 "大頭" 銀。（正面及背面）

1934 年的孫中山帆船銀幣。（正面及背面）

1898 年的墨西哥 1 披索 "鷹洋" 銀幣。（正面及背面）

1921 年的美國 1 元銀幣。（正面及背面）

1978 年，中國實施改革開放政策。翌年，大量積存於內地的銀幣、銀錠及銀條，以至首飾等，從不同的明或暗的渠道運至香港，用作換購所需的手表、電器以及其他物品。內地人形容此舉為"死寶變活財"。此現象一直維持至 1980 年代中。

上述的銀幣銀錠之中，有不少是難得一見的罕品，引致大量海內外的藏家及錢幣商來港"尋寶"。香港隨即成為全球的主要錢幣集散地。

當時已有錢幣展銷及拍賣會在香港舉行。時至今日，由本地及外國機構主辦，以中國內地及中國香港貨幣為主的拍賣，紛紛在港舉辦。

澳洲 2 先令銀幣，1935 年。（正面及背面）

曾在包括中國內地、中國香港和亞洲其他地區行用的英國貿易銀元"港光"，1930 年。（正面及背面）

約 1970 年位於皇后大道中 70 號及 70 號 A 的永生金舖及任玲記珠寶行，所在現為連卡佛大廈。

銀行業

第七章

1950 年代末，本港的外資銀行有滙豐、渣打、有利 (三者為發鈔銀行)、法國東方滙理、萬國寶通、法國國家工商 (法國巴黎)、華比、美國、泰國盤谷、崇僑、馬來亞、華僑及合眾商業銀行等。

華資銀行有：廣東、東亞、康年、嘉華、永安、廣東信託、大新、廖創興、大生、汕頭商業、華人等。

至於中資銀行則有：中國、交通、集友、南洋商業、金城、國華商業、中南、浙江興業、新華、鹽業等多間。還有一間於和平後開業，後來轉為銀行的寶生銀號。

當時亦有多間擁有銀行牌照 (即所謂 "Bank 牌") 的銀號，包括：道亨、恒生、永隆、恒隆、發昌、昭泰、呂興合、天吉、利成、恒泰及泗利等。1960 年，恒生及永隆由銀號轉為銀行。其他如永亨、道亨及恒隆等若干間，稍後亦跟隨。

1959 年，恒生在德輔道中、域多利皇后街及干諾道中之間，興建 23 層高，雄視亞洲的新總行大廈 (現時為盈置大廈)，於 1962 年 12 月 24 日開幕。

約 1963 年聖誕期間的滙豐銀行，其前方為當時用作停車場的皇后像廣場。

正接待賓客的明德銀號董事長潘繼光（左），1960年代初。

香港近代社會影像 1960–1985

順流逆流

1961 年 6 月 16 日，廖創興（創興）銀行及各分行，出現擠提長龍。

6 月 17 日，該行獲滙豐及渣打支持，擠提潮趨於平息。為徇滙豐及渣打銀行之意，廖創興跟隨兩行之營業時間，即為：

星期一至五：上午 10 時至下午 3 時；

星期六：上午 10 時至 12 時。

該行原來之營業時間為：每日上午 8 時半至下午 5 時半；星期日及假期照常辦公。

而另一間進取銀行恒生，其營業時間為：

星期一至五：上午 9 時至下午 5 時；

星期六至日：上午 9 時至下午 4 時半。

擠提事件受控制一個月後的 7 月 21 日，廖創興銀行之董事長廖寶珊逝世，在萬國殯儀館治喪。

是次擠提的原因，是九龍汽車及怡和洋行公開發售新股，大批市民提取存款前往認購，令銀根抽緊所致。

1961 年 10 月 7 日，滙豐銀行之"流動銀行"開始服務。每逢星期六，由上午 9 時半至 12 時半，停駐於大埔道（公路）沙田火車站附近。

1965 年擠提期間，位於皇后大道中與畢打街之間的明德銀號。

1965 年 1 月 26 日，明德銀號擠提。一天後，由銀行監理處接管，宣佈暫停營業。2 月 4 日，高等法院批准明德銀號破產。

2 月 6 日，廣東信託商業銀行香港仔分行發生擠提，兩天後數間華資銀行亦出現擠提人龍。

2 月 9 日，財政司郭伯偉 (Sir John James Cowperthwaite) 決定，一切定期存款需要到期始能提取。同時限制每個戶口每日只能提取現金 100 元，限制到了 3 月 16 日才取消。

同日，滙豐保證無限量支持恒生銀行，渣打則支持道亨及廣安。不過，廣東信託商業銀行於是日被銀行監理處接管，20 多間分行暫停營業，稍後宣告清盤。

2 月 11 日，首批共計 210 萬鎊的英鎊現鈔運抵香港。

1965 年 3 月 3 日，滙豐銀行在各大報章刊登廣告，慶祝開業 100 周年。

由 4 月 9 日起，恒生銀行成為滙豐銀行集團機構成員之一。兩天後，滙豐董事長桑達士 (Sir John Anthony Holt Saunders) 說："為使存戶恢復對恒生銀行的信心，最佳方法是將控制性股權交予滙豐。"

1965 年底，有 74 間銀行在港營業，當中 34 間是成立於香港者，有 51 間可經營外匯業務。

1966 年 9 月 15 日，財政司下令滙豐銀行接管 "有餘商業銀行" 的業務。

1970 年底，本港共有銀行 70 間，分行近 400 間。此外，有 32 間外資銀行在港開設代表辦事處。

1965 年擠提期間，位於德輔道中 77 號的恒生銀行總行，該樓宇現為盈置大廈。

延至德忌利士街，以至皇后像廣場及德輔道中的恒生銀行擠提人龍，1965 年。

曾設於舊中國銀行的中資新華銀行，1990 年代。

1972 年 11 月 1 日，滙豐銀行總經理沈弼（Michael Graham Ruddock Sandberg）與副董事長侯活，應中國銀行邀請，往北京作商事訪問。

1978 年，外資銀行獲准在港申領銀行牌照。

1981 年，滙豐銀行拆卸於 1935 年落成之總行大廈，以改建為一現代化的建築。

1982 年 8 月，政府以作價 10 億元批出美利樓予中國銀行，以興建中銀大廈。美利樓後來在赤柱重置。

1983 年起，香港又經歷另一次銀行風潮。

首先是恒隆銀行於 1983 年為港府接管。

1985 年 5 月 31 日，海外信託銀行因無力償付債務而倒閉。6 月 5 日被港府接管之後重新開門營業。其附屬之香港工商銀行亦被港府接管。

同年稍後，又有多間銀行出現問題，包括遠東、友聯及康年。

1986 年，出現問題的還有嘉華及永安。

稍後，法資銀行收購遠東，招商局收購友聯，第一太平收購康年，中國國際信託投資公司收購嘉華，恒生收購永安。存戶全獲保障而無損失，局勢亦因而平靜下來。

1985 年 7 月 30 日，滙豐銀行遷入重建落成之新總部大廈營業。1986 年 4 月 7 日，由港督尤德主持開幕。該座建築費達 50 億元之新大廈，樓高 52 層，隨即成為中環新地標。

2001 年 10 月 1 日，位於德輔道中與砵典乍街交界的寶生銀行，連同新華銀行在內的十多間中資銀行，轉變為"中國銀行（香港）"。

第八章
工業發展

二十世紀初，香港主要工業為蔴纜廠、糖廠、英泥、紡織製衣、調味品及食品等，多屬於小規模者。當時的工業區為：西環、銅鑼灣、北角、鰂魚涌、筲箕灣、油麻地及大角咀等區。部分工廠設於荃灣及元朗等新界地區。

和平後，因內地政權變更，大量人才和資金轉移至香港。加上 1950 年的韓戰及禁運等因素，導致香港的工業有長足的發展。

1960 年代初，香港的主要工業為紡織、製衣，和毛紡、棉紗及針織業，當時有千多間此類的工廠。

其他為塑膠、搪瓷、陶瓷、鞋類、玩具、鐘表、電池、手電筒、鏡器、製漆、金屬用具、冷熱水瓶、木製品以至地氈等，而塑膠業以膠花為主。

稍後，發展迅速的為科學儀器、電子及假髮等業務。

1960 年代的重工業為造船、拆船和製鋼等。當時最大的船塢是黃埔及太古，其他造船及拆船區則為長沙灣、牛頭角、油塘及茶果嶺一帶。1961 年，當局已打算將部分將軍澳發展為拆船區。

另一重工業為由"香港飛機工程公司"提供的飛機維修工程，服務對象為本港及世界的多間航空公司。

約 1965 年的鰂魚涌。中右方是太古船塢；中左方是糖廠、汽水廠及國光漆廠所在的太古工業區（現太古坊一帶）；中上方可見渣華道的煤氣鼓。

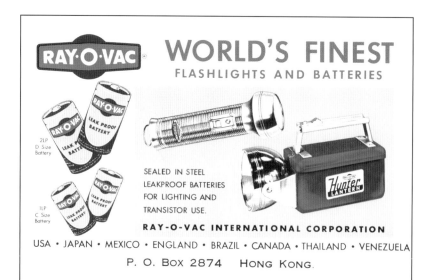

電筒電池廠（上）及毛織廠（下）的廣告。

船排廠一景，約 1963 年。

　　1960 年代的新工業區為新蒲崗，以及填海而闢成的官（觀）塘、衛星城市荃灣，稍後則為由醉酒灣填海而獲得的葵涌，還有港島的柴灣等。1972 年着力開展的貨櫃碼頭，亦設於葵涌。

　　1950 至 60 年代的大規模紗廠有：香港、怡生、南海、南洋及會德豐等。位於荃灣的南海紗廠，內設英文中學供該廠之工人就讀。

　　當時最大的紡織集團為怡和洋行的聯業紡織集團、南豐紗廠及東南紗廠等。製衣業則有麗新、鱷魚恤、新馬，及依時等，還有印染業的中國染廠，以及多家針織廠，為當時工業界的中流砥柱。不少是在股票市場掛牌買賣者。

　　六、七十年代，玩具業亦十分蓬勃，大玩具廠有開達及田氏等。

　　同時，飲料、雪糕及啤酒的製造業亦十分興盛。汽水廠有屈臣氏、太古、香港汽水廠、香港荳品公司，以及生產七喜及玉泉的聯合汽水廠等。

　　至於雪糕則有牛奶公司、安樂園、雪山及芬蘭等。啤酒則有位於深井的生力啤酒廠。

葵涌貨櫃碼頭，約 1975 年。左上方為美孚新邨。

"現代貨櫃碼頭公司" 的泊位和碼頭，約 1975 年。左方為葵涌工業區。

五、六十年代，有不少製造糖薑、涼果、醬料、罐頭及調味品的廠房。1960 年代起，不少廠房、工地及曬地被改作工業及住宅大廈。最顯著的例子是淘化大同醬油廠的淘大工業村及淘大花園。

至於重工業的黃埔及太古船塢，兩者的業務於 1970 年代初合併為聯合船塢，並遷往青衣。船塢原址則發展為紅磡灣中心、香港仔中心、黃埔花園及太古城等商住樓宇。

位於九龍倉（約現中港城所在）的首座貨櫃碼頭，約 1970 年。

太古船塢，約 1970 年。

太古船塢及浮塢，約 1973 年。

重
要
事
件

1966 年 4 月 4 日，20 萬人簽名反對天星小輪頭等船費由 2 毫加價至 2 毫半，二等維持 1 毫。該公司並謂負擔不起的乘客可搭二等。一名青年絕食抗議。

4 月 5 日，九龍徹夜有示威進行。

4 月 6 日，絕食者蘇守忠被捕，逾千人在深水埗遊行。

4 月 7 日，油麻地發生騷動，凌晨 1 時半起，九龍實施戒嚴。但騷動持續，軍警開槍鎮壓，一人喪生。

4 月 9 日，英軍再出動，坦克車在九龍巡行。整個九龍瀰漫戰時狀態，軍警拘捕 600 多人。

4 月 10 日，取消戒嚴及宵禁。被指引起騷動之青年蘇守忠，被判簽保 200 元，守行為兩年。

4 月 20 日，港大、中大學生反對天星加價，可是港府仍然批准，加價於 5 月 2 日起實行。

5 月 21 日，"天星加價騷動調查委員會"在大會堂舉行會議，主席為法官何瑾爵士 (Sir Michael Joseph Patrick Hogan)。蘇守忠因拒絕宣誓，被判入獄 33 天及罰款。

1960 年代中，登上天星小輪的乘客，旁為船員。

1967 年 4 月 13 日，"中央" 及 "上海" 兩間的士公司，部分工人怠工。一天後，公司宣佈關廠及出售車輛。4 月 17 日，九龍的 "大中" 及另一間的士公司又出現工潮。其後，兩公司又宣佈賣車關廠。

　　5 月 1 日，青洲英坭廠發生工潮，一直陷於僵持狀態。

　　5 月 4 日，當局在九龍寨城拆屋，發生不愉快事件。

　　5 月 6 日，新蒲崗 "香港人造花廠" 發生工潮，並引致衝突，22 人被捕。

　　5 月 11 日，該膠花廠工潮引起騷動，當局實施宵禁。16 日，騷動再起，再度執行宵禁。

　　5 月 20 日起，港島發生多宗騷動、巡行和警方的鎮壓。

　　5 月 22 日，大批擬往港督府示威人士，在花園道與皇后大道中交界的希爾頓酒店前，遭警方武力鎮壓，多人受傷及被捕。當日晚上，港島實施宵禁，為二次大戰以後的首次。

　　6 月初，不少海陸公共交通的工人罷工。到了 6 月 23 日，進行全面大罷工，導致大量貨車及新界的士在市區載客。

　　由 5 月中起，股市曾停止交易兩星期，到了月底才重開。6 月 6 日起，再停市兩週，迄至 6 月 22 日才復市。一般熱門股票跌價由兩成至七、八成不等。

1967 年 5、6 月間的示威羣眾。

迄至 1967 年底，港九新界多個地區均有集會和示威，當局曾在不少地區實施戒嚴。軍警多次採取搜查行動，多人被拘捕。

是次事件的導火線，始於 4 月及 5 月間的數次工潮，亦受到一年前天星加價事件的影響。在當時殖民地政府的強勢及高壓統治下，參與行動的人士曾獲部分市民同情。但後來局面失控，在炸彈及"詐彈"遍地的情況下，民心漸失。

由當時起，若干由內地寄來的信件，稱香港為"驅帝城"。

事後，當局開始改用"懷柔"的統治策略，探討民情的各區"民政司署"亦因此而成立。

內地人士曾稱香港為"驅帝城"。此為一個於 1969 年由浙江寄香港中國銀行的信封。

1967 年 5 月間，示威羣眾與警員。

　　1968 年 3 月 14 日，香港影星傅奇、石慧夫婦被解返大陸，在羅湖邊界滯留，一天後，被帶返港扣留。

　　1971 年 5 月 4 日，"保衛釣魚台列島行動委員會"在皇后碼頭前舉行和平示威，12 名青年被捕。

　　同年 7 月 7 日，學生在維多利亞公園舉行保衛釣魚台和平示威，遭到警方粗暴對待，6 人受傷，21 人被捕。

　　8 月 13 日，逾千青年依照警方新制訂的規章，再在維園舉行保釣示威，幸告無意外事件發生。

1968 年的政府海報，當中之一為宣傳 "新潮舞會" 者。

1977 年 10 月 3 日，服刑期
滿出獄離港的前總警司葛柏。

1974 年 2 月 13 日，"總督特派廉政專員公署" 開始辦公，首任廉政專員
為姬達爵士。

同年 4 月 29 日，正接受巨額財富來源調查而潛逃返英的總警司葛柏
（Peter Fitzroy Godber）在英被捕，於 1975 年 1 月被引渡回港，因貪污罪被判
入獄四年。

1974 至 1977 年間，多名現任及前公務員和警務人員，被廉署調查及判
監，亦有商界人士因收受回佣而被判入獄。

1976 年 9 月 15 日，廉署決定不主動控告商業回佣。

1977 年 10 月 28 日，因反對廉政公署的調查貪污手法，近 6,000 警務人
員前往灣仔警察總部，以及和記大廈的廉政公署請願。部分警務人員與廉署
人員發生衝突。在最高潮時，港督突採取妥協手段，宣佈特赦 1977 年 1 月前
的貪污行為，不再檢控，劍拔弩張形勢得以消除。

1977 年 11 月 7 日，立法局舉行特別會議，通過撤職法案，不服從命令
警員可立即被革職。在會議舉行的同時，各級警員宣誓效忠。

1977 年 10 月 28 日，在灣仔警察總部請願，反對廉署調查手法的警務人員。

獲悉特赦，警務人員鼓掌歡迎，1977 年 11 月 5 日。

戴卓爾夫人訪港期間，與新華通訊社社長王匡（右）會面。左為翻譯鄭仰平。

1978 年 11 月，警務處長同意警隊組織員佐級協會。

1978 年，內地實施改革開放。12 月 15 日，表明歡迎港人向大陸投資。

1979 年 3 月 24 日，港督麥理浩獲內地官方邀請，北上展開為期 12 天的訪問，獲副主席鄧小平接見。返港後，轉述鄧氏謂“投資者可在香港放心投資”的談話。

同年 10 月，中國共產黨中央委員會主席兼國務院總理華國鋒，在訪問英國時闡明“香港前途可由北京與倫敦之間，透過磋商途徑解決”。

1982 年 9 月 22 日，英國首相戴卓爾夫人訪問中國。24 日，領導鄧小平與戴卓爾夫人舉行會議後，中英雙方發表一份《聯合聲明》，表示將透過外交途徑商討有關香港前途的問題。

1979 年，副主席鄧小平接見訪京的香港總督麥理浩。

1982 年 9 月 26 日，港督尤德及布政司夏鼎基，迎接訪華後來港訪問的英首相戴卓爾夫人。

1983 年 5 月，"香港青年才俊團"訪問北京。回港後，身任團長的立法局議員李鵬飛，引述人大副委員長習仲勳強調，中國希望採取和平談判方式，與英國達成協議。中國亦會態度審慎，絕不會說任何話或做任何事，損害香港的繁榮穩定。

同年 9 月 22 及 23 日，香港前途的第四輪會談，未有提及"有益及有建設性"等形容會談氣氛的字樣，被認為中英的歧見未能解決，隨即出現港元狂跌，美元與金價暴升，市民紛紛湧往超級市場搶購物品，香港經濟風雨飄搖。

為了"穩住香港"，金銀貿易場理事長及香港聯合交易所主席胡漢輝，在私邸宴請中國銀行行長蔣文桂，以及香港財政司彭勵治。蔣文桂及彭勵治二人經磋商後，促成了以 7.8 港元兌 1 美元之聯繫匯率的制訂。港元隨即回穩，局面亦告平息。

同年 10 月 20 日，第五輪中英會談後的公佈，再提及"有益及有建設性"字眼。

1984 年 9 月 26 日，有關香港問題的《聯合聲明》文本，在北京草簽。

同年 12 月 19 日下午 5 時半，中國總理趙紫陽及英國首相戴卓爾夫人，代表兩國政府在北京簽署《中華人民共和國和大不列顛及北愛爾蘭聯合王國政府關於香港問題的聯合聲明》。

俟後，股市大幅回升，創兩年的高峰，地產價格亦有顯著的升幅，新界的發展亦加速進行。

中英关于香港问题的联合声明正式签署
Sino-British Joint Declaration on Hong Kong
Officially Signed
1984·12·19于北京

中国人民邮政明信片
Postcard
The People's Republic of China

中华人民共和国邮电部发行
Released by the Ministry of Posts and Tele-
communications of the People's Republic of China

中英关于香港问题的联合声明正式签署
Sino-British Joint Declaration on Hong Kong
Officially Signed
1984·12·19于北京

中国人民邮政明信片
Postcard
The People's Republic of China

中华人民共和国邮电部发行
Released by the Ministry of Posts and Tele-
communications of the People's Republic of China

中國郵電部發行，兩款紀念中英關於香港問題的《聯合聲明》正式簽署的明信片。

第
十
章

天氣與災害

1960 年 6 月 9 日，颱風"瑪麗"襲港，傷亡慘重為戰後僅見。

1962 年 3 月 19 日，本港發生十多年來最嚴重的地震。

1962 年 9 月 1 日，颱風"溫黛"凌晨起開始襲港，肆虐六、七小時。共有 130 人死，600 人傷，受災人數眾多，75,000 人無家可歸。

港九共有七幢樓宇倒塌，大埔、青山、元朗、上水、粉嶺及荃灣等地，皆受水浸。當中以沙田受災最慘重，多間木屋被沖毀，單是白田村已有近 30 人葬身洪流中。

港島區由統一碼頭至三角碼頭一段海旁干諾道的唐樓均受損毀。灣仔有三層樓高的怒濤吹襲高（告）士打道，以致水陸不分。

數以千計的船艇被吹毀，翻沉或擱淺。數艘巨輪亦斷錨擱岸，一艘葡艦"江沙維號"沉沒。

柴灣及筲箕灣有數以百計的船艇被摧毀堆塞，令海面幾如陸地。

西環域多利道的鐘聲及金銀游泳棚，均被吹塌。何文田京士柏，由山脊起至山頂的木屋，被掃一空。

"溫黛"的破壞力，甚於兩年前的"瑪麗"，是 1937 年以來最嚴重的一次。

"溫黛"颱風過後的灣仔，接近史釗域道的告士打道，1962 年。

一艘在西環青洲擱淺的輪船，1962 年 9 月。

"溫黛"颶風後，一艘在杜老誌道灣仔碼頭翻側的船隻。

一艘在鰂魚涌渣華道被吹翻的輪船。

1962 年 9 月，沙田墟一帶食肆在風災後的景象。

"溫黛"吹襲後的沙田。

　　1964 年 8 至 9 月的兩個月內，四個包括"艾黛"、"露比"、"莎莉"及"黛爾"的颱風 (當時已由颶風易名為颱風) 襲港，其中以"露比"及"黛爾"造成的人命傷亡及財物損失較為嚴重，單是"黛爾"已導致 22 人喪生。

　　1966 年 6 月 12 日，暴雨成災，慘情為香港開埠百多年來僅見。

　　是場雨災發生於上午 6 時半至 7 時半之間，所下之傾盆大雨為史上最猛烈者。一個鐘頭內，香港仔錄得 6.18 吋雨量。數人被急流捲去。

1966 年 6 月 12 日豪雨期間的灣仔石水渠街，被洪水沖擊的車輛。左方是現時的藍屋。

1966 年 6 月 12 日，豪雨成災後金鐘及木球會（現遮打公園一帶）成為澤國。

1966 年的跑馬地，整個馬場彷如池塘。

明園西街有數十部汽車被水沖至堆疊成丘。山頂道、馬己仙峽道及司徒拔道山泥傾瀉，部分屋宇受影響。

新界低窪地帶被水淹，牲畜農作物損失慘重。各墟市癱瘓，公路寸斷，塘魚大量走失。

是場暴雨，港九共有 64 人死亡。

1967 年 4 月 1 日，在豪雨下，港九地區降冰雹，為 27 年來僅見。

雨災期間，接近柯布連道的軒尼詩道。

1966 年雨災期間的北角明園西街，被寶馬山賽西湖水塘（現雲西湖公園一帶）滿溢的雨水沖擊致堆疊一起的汽車。

六‧一八雨災後，秀茂坪災區的救援情況。

由 1947 年開始，本港每年均實施夏令時間，即在每年的 4 月中，將時鐘撥快一小時，到了 10 月底或 11 月初，才撥慢一小時。1971 年，港府決定繼續實施夏令時間。

1971 年 6 月 18 日連場暴雨，一天之內山崩塌樓，造成本港有史以來最大之傷亡慘劇。

觀塘秀茂坪雞寮安置區，78 間木屋倒塌，近 200 人被活埋。

半山區連環塌樓，旭龢大廈整座倒塌，附近樓宇亦遭波及，情況惡劣。當局將該一帶封閉，並疏散居民。

1971 年 8 月 16 日，颱風"露絲"正面襲港，造成水陸重大傷亡和損失。港澳渡輪"佛山"號在汲水門翻沉，另一艘停航多年的港澳渡輪"利航"亦沉沒。兩渡輪上的多名船員罹難。

1973 年，因中東戰爭，石油價格大漲及供應發生問題，港府於 12 月 7 日宣佈緊急法令，由 12 月 10 日開始限制廣告與裝飾燈光，每日只准亮燈四小時半，至晚上 11 時止。同時又恢復夏令時間。

由於燈光管制，本港夜景黯然失色。一年後，管制才告撤銷。

1977 年 12 月 21 日，立法局動議，全年採用格林威治加八小時的標準時間，取消夏令時間。

1983 年，皇家天文台成立 100 周年，郵局發行郵票以資紀念。

1971 年 6 月 18 日，觀塘雞寮區暴雨導致山泥傾瀉，在災區搶救的情景。

　　1960 年 1 月 8 日，港島最大的年宵市場，首次設於維多利亞公園的球場內，內有攤位共 508 個。港島其他年宵市場仍設於上環蘇杭街、文咸東街、孖沙街及禧利街等街道上。

　　至於九龍的年宵市場則有三處，包括：欽州街與東京街之間的一段長沙灣道、位於黃大仙東頭村道的打鼓嶺公園，以及紅磡新填地。

　　1961 年 11 月 3 日，英國雅麗珊郡主（Princess Alexandra）訪港，中區的銀行商行，提前於 4 時停止辦公。學生於港島街道兩旁列隊歡迎。11 月 4 日晚上，在維港大放煙花。

　　1964 年 9 月 4 日，第 18 屆奧林匹克世運聖火抵港，本港舉行熱烈歡迎大會。因颱風"露比"襲港，聖火在港多停留一天。在颱風下，聖火一直在大會堂燃點。

　　1965 年 1 月，洋紫荊，又名香港洋蹄甲花，亦稱香港木蘭花，被選為香港市花。

　　同年 1 月 24 日，位於九龍城區，世運道旁的世運公園落成。

爭睹雅麗珊郡主丰采的屋邨居民，1961 年。

維園年宵市場，約 1961 年。

1966 年 3 月 1 日，英女皇御妹瑪嘉烈公主 (The Princess Margaret) 偕夫婿斯諾敦伯爵 (Earl of Snowdon) 訪港，主持 "英國週" 等活動的開幕儀式。為誌此盛事，當局將何文田的楠道易名為 "公主道"，又將同年落成，位於鄰近的窩打老道天橋，命名為 "瑪嘉烈天橋"。

1967 年 10 月 30 日，港督主持 "香港週" 開幕禮。

鑒於中區商場於夜後趨於冷寂，"中區市民服務會" 以及各團體和各方商界人士，於 1968 年 11 月 21 日起的個多月內，舉辦 "夜中環" 運動，望能振興中環夜市。

1969 年 6 月 19 日為端午節日，首次在金鐘前海軍船塢區舉行龍舟比賽。

1969 年，當局舉辦嘉年華會式的 "香港節"，以示香港回復繁榮，包括多項運動、競賽、展覽、選美及表演等節目，於 12 月 6 日起陸續舉行，由護督羅樂民爵士舉行亮燈儀式。

當年，關文慧及高美華分別獲選為香港節小姐及歌后。

1966 年 3 月的中環希爾頓酒店，可見歡迎瑪嘉烈公主伉儷的彩帶。

1969 年，慶祝 "香港節" 的滙豐銀行及皇后像廣場。

1967 年 10 月，"香港週"期間的渣打銀行總行。

1969 年"香港節"，由麗的電視舉辦之"健力先生"選舉。

1970 年 4 月 9 日，英皇儲查理斯王子 (Prince Charles) 過港飛日。

同年，為東華三院慶祝成立 100 周年。

1970 年 12 月 4 日，教宗保祿六世 (Pope Paul VI) 訪港三小時，在政府大球場主持香港有史以來最隆重的彌撒儀式。

第二、三屆"香港節"分別於 1971 年及 1973 年的 11 月舉行，每屆皆為期十天，各有數百項與眾同樂的節目，亦有香港節小姐及先生選舉。此後，因經濟情況欠佳，當局決定停辦。

1975 年 5 月 4 日，英女皇伊利沙伯二世 (Queen Elizabeth II) 伉儷抵港，展開四天訪問。為誌此盛事，香港首次發行一枚金幣，此紀念金幣面值為 1,000 元，是香港歷來面值最高的貨幣。

1977 年 4 月 16 日，英國在野的保守黨黨魁撒切爾（後譯作戴卓爾）夫人訪港。

同年 4 月 21 日，為慶祝女皇登基銀禧，在港島舉行花車巡遊。

1978 年 3 月 5 日，英國根德公爵 (Duke of Kent) 訪港五天，並主持英國工業展覽開幕禮。

同年 5 月 10 日，在長洲太平清醮的搶包山活動中，其中一座包山倒塌，24 人受傷。

佛堂門天后廟的進香客，約 1970 年。

　　1979 年 3 月 3 日，英皇儲查理斯王子抵港作為期四天的官式訪問，曾參觀有 130 年歷史的沙田曾大屋古村，以及為新落成之英軍總部大廈揭幕。

　　同年 9 月 30 日，地下鐵路由觀塘至石硤尾的首段路線通車，十萬位持紀念車票者，可一嘗乘"地鐵"的經歷，正式服務則於 10 月 1 日開始提供。

　　1984 年 12 月 19 日，中英在北京正式簽署有關香港問題的《聯合聲明》，香港的前途問題終明朗化。

　　同日，中英分別公佈趙紫陽總理於 1985 年 6 月訪英，以及英女皇於 1986 年訪華的消息。

　　英女皇伊利沙伯二世於 1986 年 10 月，正式訪問中國七天。在結束訪華後，女皇於 10 月 21 日乘皇家遊船"不列顛尼亞"號，再度抵港作三天訪問。在一片繽紛色彩和歡樂聲之中，女皇曾抵和平紀念碑獻花，以及出席立法局大樓、滙豐銀行總行、理工學院、會展中心、紅磡體育館、沙田馬場及隆亨邨等地的歡迎活動。維港舉行煙花匯演，吸引數以十萬計市民觀賞。

1986 年 10 月，英女皇伉儷第二次訪港時，大會堂的裝飾。（圖片由何其銳先生提供）

前 言

六十年代初，包括"雙黃"被綁票等的多宗大案被破獲，市民對警察的觀感，變得較為正面。1977年"警廉衝突"後，市民對警隊的貪污形象，逐漸改觀。平情而論，警隊長時期一直維護香港的治安，使市民安居樂業，是功不可沒的。

對外防務，是由英軍負責，而香港需要負擔巨額的軍費。1974年起，駐港英軍削減，但香港負擔的軍費反要大幅增加，曾引致輿論的批評。

隨着中文大學、教育學院及理工學院等於六、七十年代依次成立，學生接受專上教育的機會增加。

由1971年實施免費小學教育，到1977年開始實施和逐步擴大強迫教育，使香港的教育制度，邁向一個較高的水平。

開埠以來，市民一直飽受制水之苦。1963年每四日供水四小時的苦況，不少人仍記憶猶新。制水的噩夢因東江水供港，以及兩座淡水湖的落成，才徹底消除。

水源不足引致衛生環境惡劣，使霍亂疫症多年來在港肆虐，不少市民聞隔離檢疫的"漆咸營"而色變。

1963年起，伊利沙伯醫院以及港九新界的多間公立醫院，和重建的廣華醫院，依次落成，市民獲得較佳的醫療服務。

為改善環境衛生，港府於 1972 年起，持續推行"清潔香港"運動，有不錯的教育效果。早期的"垃圾蟲"形象，深入民心。

轎子和人力車等交通工具，於 1960 年代趨於式微，維港兩岸的來往，只有渡輪。隨着機場客運大樓於 1962 年落成，香港的交通即邁向現代化。

不過，當時的海陸交通工具仍嚴重不足。直到公共小巴、紅磡海底隧道及地下鐵路投入服務，和九廣鐵路電氣化之後，才告舒緩，亦導致大部分港內線渡輪的消失。

與此同時，通訊及廣播事業亦有飛躍的發展。除電台外，1970 年代中，共有三個無線電視台，爭相製作高質素的節目，部分節目現時仍為人津津樂道。

1970 年，香港有四、五十份中英文日報、午報和晚報，還有週刊和月刊，為報業的全盛期。大部分以小說、文化以至股市專欄來吸引讀者。當時報章是市民的"精神食糧"。

飲食文化方面，於六、七十年代，有大量頗高檔的酒樓夜總會，在新大廈內開設。可是，位於舊式唐樓，亦為月餅名家的傳統茶樓茶室，以及風味小館，卻隨着樓宇的拆卸而消失。

為迎合市民的口味，當時有不少西式食肆及外江菜館開業，但以適應普羅市民消費能力的茶餐廳最受歡迎。

供應市民飲食物品的米舖、士多和辦館等，隨着兩大連鎖超級市場的迅速發展而被淘汰。同時，亦有多間中小型超級市場開業，但大部分於短期內即消失。

至於百貨業除老牌的先施及永安等之外，異軍突起的日資百貨，及新派公司如大人、大大等，於 1960 年起在各區開設。同時開業的還有供應價廉物美用品的國貨公司。不過，上述多間公司，於 1980 年代起陸續停業。

　　集嘉年華會及廉價市場於一身的工展會，大受欲"買平貨"和"開眼界"市民的歡迎，熱鬧情況直至現在仍能保持。

　　訪港旅客於六十年代起，每年均有滿意的增長。1970 年代中後期，由於海洋公園的落成，及中國內地實施改革開放，使來港的旅客數字有更大的增長。

　　除購馬票以"發橫財夢"外，有大量市民前往馬場落注"搏殺"。不能入場者，往往向非法的外圍集團投注。1973 年起，馬會紛紛設場外投注站以打擊外圍集團，同時亦舉辦"六合彩"以針對非法賭博的"字花"。

　　除"睇跑馬"外，港人亦熱衷"睇波"（觀看足球賽）。甲組球隊如南華、巴士、東昇、傑志、消防及怡和等，皆有大批"擁躉"的球迷。

　　1974 年，內地足球選手來港表演，亦曾引起高潮。

六、七十年代，平民化娛樂之電影，無論國、粵語及西片，同時大受歡迎，有不少戲院興建，不少電影明星成為偶像。當時的主要製片公司為邵氏、電懋、長城、鳳凰及嘉禾等。

可是，稱為"大戲"的粵劇卻漸走下坡。雖然曾於八十年代一度恢復興旺，但隨着新一代觀眾口味的轉變，始終不能回復五、六十年代的盛況。

有趣的是，由六十至八十年代的 20 多年來，香港社會的發展步伐，與"大戲"及電影劇本十分相似，經歷多次高低潮起伏，充滿喜怒哀樂。顯著的例子是 1965 年的銀行風潮、1967 年的動盪、1973 年的股災，以及前途談判期間的衝擊等等。

可是，在此期間亦適逢內地改革開放的良好契機。

當時，有不少對香港充滿信心的人士，在滿佈"危"與"機"的不穩定環境當中，捕捉到多個"稍縱即逝"的機會，加以利用，終能獲致豐碩的回報。

第十二章

警政與防衛

1959 年 6 月 18 日，體壇名流黃應求被綁票，後來遭 "撕票"（被殺害）。綁匪自稱為 "野狼"。

1961 年 2 月 10 日，黃應求之父黃錫彬，在渣甸山白建時道附近又遭綁票，他為海外信託銀行經理，付贖金後於 2 月 27 日獲釋。

上述兩宗案件，報章稱為 "雙黃案"。

至同年 12 月 10 日，三名 "野狼" 綁匪李渭、倪秉堅及馬廣燦被捕。稍後，在淺水灣一處山坡掘出黃應求的屍骨。於法庭開審時，報章稱之為 "三狼案"。

"三狼" 最後於高等法院被裁定謀殺黃應求及鄧天福罪名成立，判處死刑，於 1962 年底伏法。

1960 年 1 月 8 日，駐港英陸軍參謀長，主持一班 33 名粵籍學警畢業禮，由警務處長伊輔（Henry Wylde Edwards Heath）陪同，在香港仔警校舉行。

1 月 16 日，黑社會控制白牌車（用私家車非法載客）的交通路線，並以 "專利公司" 自居，四黑社會頭目被判入獄一年。

1960 年，當局將由警察執行管理小販之任務，轉移至小販管理隊。首批小販管理隊於同年 9 月訓練完成。小販管理隊於 1978 年 9 月起被解散。

位於夏慤道旁的英國"添馬艦"軍事基地，1963 年。右上方的大會堂西邊正開始進行填海工程。

交通亭上的警察，約 1963 年，軒尼詩道近軍器廠街。

1961 年 10 月 7 日，副警司曾昭科被拘留，曾被禁閉於漆咸營，其警察學堂副校長的職務亦被解除。11 月 30 日，涉及間諜案被遞解往大陸。

當時的漆咸營，已成為"政治問題人物"以及間諜的集中營，有 30 多人被拘禁在內，當中沒有一個刑事犯，永不會公開審訊或判刑，多會被遞解出境。

1961 年 10 月 1 日，40 名市民於晚上超過 11 時的合法時間後"竹戰"（打麻雀），被罰款 20 至 40 元。

由 1950 年代起，被稱為"阿飛"或"飛仔"、"飛女"的問題青少年，因不時違法生事，成為嚴重的社會問題。

1963 年 9 月，當局成立一"飛女集中營"，以留置"飛女"及小舞廳的舞女。1964 年 11 月 1 日，有兩幫"飛女"在德輔道中李寶椿大廈"大開片"（集體打鬥）。半個月後，再有一批"飛仔"、"飛女"在石塘咀皇后大道西毆鬥，釀成一死四傷。

到了 1966 年，在社會的訴求下，當局推行撲滅"阿飛"禍患的"肅飛運動"。

1965 年 12 月 30 日，英女皇准許駐港英三軍總司令退出立法局。

歡送盧樂夫助理警務署長返其渡假留影

一九六二

助理警務處長盧樂夫（N. G. Rolph）與一眾警員合照，1962 年。
前排左起第三人為華探長呂樂。（圖片由吳貴龍先生提供）

正接受檢閱的女警，1970 年代。

1966 年，港府宣佈邰華（後來改譯
為戴磊華（Edward Tyrer），接替退休的伊
輔任警務處長。但在 1967 年騷動期間，
突由伊達善（Edward Caston Eates）接任。
一年多後的 1968 年 12 月 12 日，再改由
薛畿輔（Charles Sutcliffe）升任。

1967 年，警察被冠以"皇家"字樣，
即為"皇家香港警察"。

1967 年起，本港負擔之防務經費（軍
費），每年增加 4,000 萬元。

1971 年，警察的起薪點，由 342 元
大幅調升至 631 元。

1971 年 4 月，當局表示無意立例取
締"無上裝"酒吧。

1974 年 3 月，外國的"裸跑"歪風吹
抵香港，不少男女赤身露體在球場或街
道上奔馳，警方聲言決予嚴懲。

同年 3 月，英國決定削減駐港英軍，
可是本港所付軍費反要增加。12 月 5
日，港府與英政府達成協議，香港要負擔
駐港英軍軍費百分之七十五。

1976 年，港府撥巨款興建添馬區英
軍總部。

灣仔區的一間"無上裝"陪酒夜總會，約 1974 年。

約 1988 年的金鐘區。中右方為添馬艦英軍基地及總部。

泊於灣仔警察總部前，車牌為 1 號的警務處長座駕，1980 年代。

1985 年的立法局會議，主席為港督尤德，站立發言的是鄧蓮如。

教育與學府

1961 年 9 月 11 日，香港大學慶祝成立 50 周年金禧紀念。

1963 年 6 月 13 日，港府接納富爾敦（Fulton）委員會的建議，設立一間 "聯合中文大學"。7 月 2 日，正名為 "香港中文大學"。

同年 10 月 17 日，由崇基學院、新亞書院及聯合書院組成的 "香港中文大學"，舉行成立典禮，李卓敏教授被聘為首位校長。1964 年 10 月 16 日，舉行首屆畢業禮，由港督戴麟趾主持。

1969 年，香港中文大學正式遷入沙田現時的校址。

1965 年 9 月，香港教育學院設立。

學童上學去。攝於中環砵典乍街，約 1960 年。

位於七層高徙置大廈天台的學校，約 1960 年。

天台學校內的學童。

徙置大廈天台學校的上課情景。

正在觀看漫畫及《兒童樂園》
書本的兒童，約 1970 年。

　　摩理臣山工業學院於 1969 年 9 月開辦，第一年借用紅磡工業學院開辦若干課程。

　　1970 年 4 月 9 日，政府同意設立“香港理工學院”。1972 年，由“紅磡工業學院”轉變而成的“香港理工學院”揭幕。

　　1971 年 7 月 30 日，教育司宣佈由 9 月 1 日起，實施免費小學教育。

　　1972 年 9 月 12 日，香港大學首任華人校長黃麗松，由新加坡抵港履任。

　　1974 年 5 月 14 日，中英文中學會考首次合併。

　　1976 年 5 月 2 日，99,000 名小學生，參加最後一屆小學升中試，四分之三考生獲派位。

　　同年 10 月 26 日，港督麥理浩主持理工學院新校的開幕禮。當時，莘莘學子的夢想是可進入香港大學，其次是中文大學，第三選擇是浸會學院和理工學院。

約 1964 年，發生大火的歌賦街。左方位於 10 號唐樓樓上為國華學校的分校。

由"播音皇帝"鍾偉明手上接受獎品的學童,約 1980 年。

1977 年,當局規定強迫教育,官資學校實行三年免費。

1978 年 9 月 1 日,政府宣佈擴大強迫入學法,由 1980 年 9 月 1 日起,15 歲以下兒童必須入學。同一日起禁止僱用 15 歲以下的兒童。

1987 年,政府決定成立香港的第三間大學 —— 香港科技大學,校址位於清水灣。

調景嶺慕德中學,1988 年。(圖片由何其銳先生提供)

香港科技大學全景，1990 年代初。

1961 年 1 月 11 日，當局決定在船灣興建龐大的淡水湖。

同年 3 月 15 日，50 萬佛教人士集體祈雨。

1963 年 5 月 16 日起，隔日供水四小時。

同年 5 月 20 日，英美軍艦以蒸餾水贈港，日供一至二萬加侖。

由 1963 年 6 月 1 日起，每四日供水一次，每次為四小時。

同年 6 月 17 日，當局租用十艘運油船，赴珠江運水回港。第一艘為"伊安德"號。估計每日共運水 1,200 萬加侖。各運水船泊於荃灣石油公司前，以及深井生力啤酒廠前；運水船得到內地的協助及提供配合設施。迄至 1964 年，最多共有運水船 23 艘。

筲箕灣區在街喉輪水的人龍，1963年。

拖男帶女輪水的市民，1963 年。

李鄭屋邨徙置區取水的居民，1963 年。

筲箕灣區的"水桶陣"及輪水人龍，亦可見一趕製鐵水桶攤檔，1963年。

從山頂停車場（現山頂廣場所在）望薄扶林水塘，約 1965 年。

1964 年 4 月 22 日，香港與內地簽訂協議，東江水每年供港 150 億加侖。

同年 5 月 28 日，颱風"維奧娜"襲港，帶來雨水 10 吋。5 月 29 日，港九各區改為隔日供水四小時。同年 7 月 1 日，增加至每日上、下午各供水四小時，即共八小時。

1965 年 8 月，連場豪雨，各水塘全告滿溢。

1967 年，船灣淡水湖落成啟用。到了 1969 年，淡水湖首次滿溢。

1969 年，當局計劃用 7 億 5,000 萬元，在糧船灣洲興建更大之淡水湖（即萬宜水庫）。

1971 年，青山（屯門）海水化淡廠，進行試驗蒸餾水。1975 年，此世界最大的海水化淡廠，由港督麥理浩揭幕啟用。於 1976 年 7 月 27 日正式投入生產。可是到了 1978 年 6 月決定停產，因萬宜水庫即將啟用。

1977 年 6 月 14 日，位於糧船灣的萬宜水庫開始儲水。1978 年 11 月 27 日，港督麥理浩主持該水庫啟用禮。

由於兩座大淡水湖的落成，加上源源不絕供港的東江水，制水的噩夢以及"樓下閂水喉"之"廣的呼聲"，從此畫上句號。

沙田污水處理廠，約 1980 年。後方為馬鞍山富安花園屋苑。

第
十
五
章

醫療衛生

香港近代社會影像 1960–1985

順流逆流

1949 年，籌建律敦治防癆醫院的慈善家律敦治 (Jehangir Hormujee Ruttonjee)，於 1960 年逝世。

同年，半山的嘉諾撒醫院開幕。

由 1960 年起，舊唐樓的清糞費，劃一為每一層樓每季 16 元。

1961 年 3 月，重建之廣華醫院北翼大樓落成啟用。至於包括南翼大樓的新廈重建工程，亦於 1965 年 3 月 23 日完成，由港督戴麟趾主持啟用禮。

1961 年 8 月 18 日，英譯為"虎烈拉"(cholera) 之霍亂症襲港。中譯"霍亂"為"揮霍撩亂"之縮寫，形容其傳播之速。

與霍亂患者同住於一層樓的居民，須居於作為隔離營的漆咸營，接受檢疫。

同日，香港被宣佈為霍亂疫埠，居民紛紛接受防疫注射，各處俱見人龍。由於霍亂關係，當年的荔枝及月餅，銷情大跌。月餅用紙包裝由當時開始。

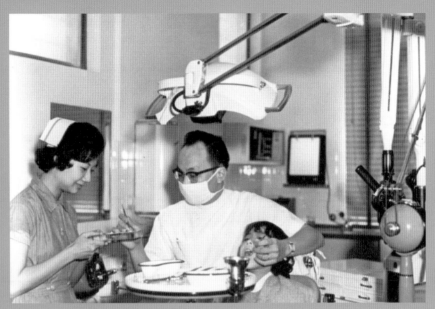

為學童作檢查和治療的政府牙科醫護人員，1961 年。

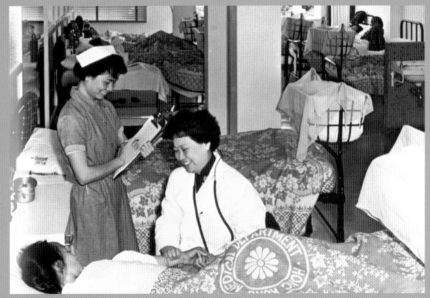

政府產科醫院內的醫護人員和產婦，1961 年。

1972 年，"清潔香港"運動的
負面形象 —— 垃圾蟲。

1963 年 9 月 11 日，港督柏立基主持伊利沙伯醫院開幕禮。該院 1964 年
1 月全面投入服務。

1967 年 8 月 9 日，京士柏新陸軍醫院開幕。

1969 年 1 月 9 日，本港首宗換腎手術順利完成。

同年 4 月 15 日，港督主持灣仔鄧肇堅醫院的揭幕禮。

1972 年 8 月 1 日，清潔運動展開，當局在報章及各種傳媒展示 "垃圾蟲"
的造型。

"反面教材"的垃圾蟲，攝於啟德機場。

當年不少市民用中醫藥治病，圖為一中藥店的"執藥"情景，約 1962 年。

尖沙咀漆咸道與金馬倫道交界，約 1965 年，右方為漆咸營一部分，這一帶現為科學館及香港歷史博物館所在。正中為百樂酒店。

1973 年 10 月 24 日，港督麥理浩主持荃灣仁濟醫院開幕。同年 12 月 6 日，觀塘基督教聯合醫院亦由港督主持揭幕。

1974 年廉政公署成立後，在公立醫院、慈善醫院以至私家醫院，需付給小費"打賞"予服務員工的陋習，一掃而空。

1975 年 10 月 20 日，荔枝角瑪嘉烈醫院啟用。

1976 年 3 月 18 日，非英聯邦醫生甄別試在港舉行。

1977 年 1 月 17 日，未有牌照的醫生考試，於 3 月起分三部分舉行。7 月 15 日，宣佈有 120 名未領牌醫生考試及格。

1982 年 11 月 1 日，沙田威爾斯親王醫院開幕，由根德公爵夫人（Princess Marina, Duchess of Kent）主禮。

1986 年 12 月，本港首名試管嬰兒誕生，為本港醫學界的一大進步。

約 1970 年的夏愨道，右方為紅十字會總部。

第十六章

交通運輸

1958 年 7 月，當局嚴格執行沿斑馬線過馬路制度，把斑馬線擬人化的"斑馬先生"，或"斑馬佬"的木偶，在各區出現。

1960 年，在馬場舉辦的交通展覽中，設一"老鼠城"，由白老鼠示範過斑馬線。

1958 年，名為"綠衣轎"的轎子，只餘下六乘 (頂)，不過，亦有若干乘山兜在大澳與靈隱寺之間提供服務，每程收費約 10 元。到了 1960 年，市區轎子已完全消失。

1959 年 12 月，當局決定發出行走新界各區名為"新界的士"之九座位客車 (小型巴士) 的牌照，限定為 150 輛。此等"新界的士"只能載客往來新界至九龍半島各區，不得在半島內接客。1960 年 10 月 27 日開始行走。

1960 年 1 月 15 日，設於上環林士街至佐敦道的第二條汽車渡輪新線，開始啟用。

以下為 1960 年的交通工具之數量：

- 天星小輪共有 8 艘；

- 油蔴地小輪共有 51 艘；

- 中華巴士共有約 300 輛；

- 九龍巴士有 500 多輛；

- 的士在港九共有 992 輛；

- 人力車在港九共有 853 架。

尖沙咀天星碼頭前巴士總站，約 1960 年。左方九龍郵局所在現為香港文化中心。

統一碼頭前的人羣與渡海車龍，約 1958 年。左為一艘往深水埗的小輪。

泊於油麻地渡船街的九座位新界的士，約1962年。

1962 年 7 月 18 日，油麻地小輪公司新建的無舵載客車渡輪 "民定" 號，行下水禮。

同年 11 月 2 日，啟德機場客運大廈揭幕啟用。

1963 年 1 月 21 日，港島首輛雙層巴士開始行駛。

1964 年 8 月 6 日，第一架電車的拖車開始載客行走。

1965 年 1 月 27 日，由北角至九龍城的東區汽車渡輪航線開航。

同年，落成於 1901 年的卜公碼頭 (現時置於赤柱者)，開始拆卸。

1966 年 4 月，公主道及夏愨道的行車天橋開放啟用。

1967 年 4 月 25 日，首名女的士司機獲發牌營業。

迄至 1967 年，共有 607 輛名為 "新界的士" 之九座位載客小型巴士，行走新界與九龍之間。到了同年 6 月 23 日，各交通工具大罷工後，這些小型巴士改在市區行走，因交通工具不足，當局不作取締。

至 1969 年 9 月 1 日，當局宣佈上述小型巴士合法化，可經繳費轉變為 14 座位的公共小型巴士。到了 1970 年底，這種已領有牌照的小巴共有 3,784 輛。

1967 年 11 月 5 日，國泰航空公司一架巨型客機，在九龍灣失事墮毀，一人喪生。

同年 11 月 14 日，港督主持獅子山隧道通車典禮。

泊於啟德機場的國泰航機，約 1960 年。

兩座設於統一碼頭的汽車渡輪碼頭，約 1968 年。可見載客及車的渡輪（左）及兩層皆載車的渡輪（右）。

公共小型巴士，約 1969 年。可見由中環往銅鑼灣大丸百貨公司的車費為 5 毫。

早期為 14 座位的公共小型巴士，約 1975 年。往山頂的車費為 1 元。

淺水灣道上的紅牌車（前）及的士（後），約 1962 年。

　　1968 年 6 月 27 日，港澳客輪大來、佛山、德星，及所有水翼船和飛翼船宣佈停航，港澳兩地交通聯絡陷於停頓。35 天後的 8 月 2 日，才全面復航。

　　1969 年 1 月 1 日，油麻地火車站正名為 "旺角站"。

　　1970 年 4 月 11 日，世界最大的波音 747 珍寶巨型飛機，首次抵港。

　　繼 1964 年電車翻側導致一人死亡後，1971 年 11 月 11 日，一輛雙層巴士亦同在金鐘道 "死亡彎角"（現金鐘道政府合署與太古廣場之間）翻側，41 人受傷。

　　1972 年 1 月 9 日，停泊於荔枝角海面，正在由巨型郵輪伊利沙伯皇后號改裝中之 "海慧大學"（Seawise University）發生大火翻沉，海上學府計劃成空。

　　同年 4 月 23 日，大角咀渡海小輪新碼頭啟用，以取代位於山東街的旺角碼頭。

　　同年 8 月 2 日，灣仔至紅磡的海底隧道由港督揭幕。8 月 3 日正式通車。

正在施工的灣仔紅隧接駁道路，1972 年。左方位於堅拿道口的英美煙草公司廠房，於 1977 年改建為伊利沙伯大廈。

剛通車時的紅隧灣仔出入口，1972 年。左上方為黃埔船塢。

灣仔紅隧出入口，約 1975 年。前方的馬師道前將興建灣仔運動場。

在火車上售賣香煙食物的小販，約 1965 年。

1973 年 2 月 14 日，財政司宣佈政府決定興建地下鐵路。12 月 1 日，就此計劃與日本財團商討。

1975 年 1 月 14 日，日本財團宣告放棄，港府決定自行興建。同年 11 月 13 日，在觀塘舉行"破土"儀式，由"地下鐵路公司"主席唐信（Norman Thompson）主持。

就其名稱的"地鐵"、"地下鐵"以及"地車"，曾引起各方爭論不已，最後港府正式定名為"地下鐵路"。

1975 年 5 月 5 日，訪港的英女皇伉儷，為紅磡的九廣鐵路新火車總站牌匾行揭幕禮。同年 11 月 24 日，署理港督羅弼時爵士（Sir Denys Tudor Emil Roberts）主持此新火車站的開幕啟用儀式。同時，鐵路總站亦由尖沙咀遷至此。

九廣鐵路列車與乘客，約 1975 年。

在尖沙咀總站開出的列車，約 1973 年。

大埔滘火車站，1981 年。（圖片由何其銳先生提供）

約 1973 年的大澳街市街（左）。可見用繩拉拽的橫水渡。碼頭上有"歡迎雅麗珊郡主伉儷"的牌匾。

1976 年 8 月 17 日，當局接納被稱為 "紅牌車" 的出租汽車，補價 75,000 元轉變為的士。

同年，亦開始接受新界的士 (綠色車身) 之牌照申請。首批中籤之新界的士於 9 月 23 日開始在新界行駛。

1976 年 11 月 6 日，世界上最快之 "和諧式" 超音速飛機，首次抵港。

1978 年 1 月 18 日，第二條獅子山隧道通車。

同年 6 月 6 日，港府決定在港島實施 "走廊交通" 計劃。由銅鑼灣至筲箕灣的東區走廊，於 1985 年開放啟用。

同時，當局拒絕電車路線延至柴灣，亦曾考慮用輕便鐵路代替電車。

約 1987 年的北角區，可見落成於兩座碼頭上端的東區走廊。正中為北角邨的巴士總站，右上方為和富中心屋苑。

工人們正將行李推入汎美航空公司班機，約 1975 年。

東區走廊的筲箕灣段，約 1988 年，其左方的愛秩序灣即將進行填海。

約 1984 年的中環。左方為曲尺型的第二代卜公碼頭，右下方是統一碼頭，兩者之間是海濱公園。其旁是興建中的交易廣場。

1978 年 9 月 13 日，開投的士牌的平均落標價格為 24 萬元。

同年 11 月 18 日，香港至廣州的港穗飛翔船正式投入服務。到了 1979 年 4 月 4 日，中斷近 30 年的廣州至九龍直通火車恢復行駛。早前，亦有航機來往廣州與香港之間。

1979 年 9 月 30 日，地下鐵路觀塘至石硤尾段通車。

1980 年 2 月 28 日，鴨脷洲大橋落成啟用。

同年，九廣鐵路改為雙軌及電氣化的計劃全速進行。九龍至沙田之間的一段，於 5 月 6 日開始服務，全綫於 1983 年完成。

1982 年 3 月 12 日，香港仔至跑馬地的隧道局部開放通車。

同年 5 月 17 日，地下鐵路荃灣支線全面通車。當局亦決定興建上環至柴灣的港島線，於 1985 年 5 月 31 日全面通車。

1982 年，新港澳碼頭興建工程，在上環新填地原 "平民夜總會" 的地段上展開。連同包括信德中心在內，有兩座 41 層高的商業大廈在內的新碼頭，於 1985 年落成。

1986 年 5 月 3 日，一架台灣中華航空公司自泰國起飛的貨機，被騎劫降落廣州白雲機場。

中國航空公司及中華航空公司，在香港舉行談判。到了 5 月 23 日，終獲解決，被騎劫的貨機飛抵啟德機場。兩航代表在機上進行了簡短的交接手續後，航機隨即飛回台灣。

在此事件中，香港在內地與台灣之間扮演了橋樑的角色，為內地的 "三通"，以及台灣的 "三不" 政策，打破了僵局。

約 1985 年的銅鑼灣電車廠，右方是全為舊唐樓而地面為市集的羅素街。
電車廠於 1990 年代初改建成時代廣場。

1960 年，香港共有三個廣播電台，包括：香港廣播電台、有線廣播電台的“麗的呼聲”，以及於 1959 年啟播的香港商業廣播電台。當時的廣播內容主要包括：天空小說、足球、賽馬、粵曲、時代曲、歐西流行曲及古典音樂等。

電視台則為 1957 年啟播之“麗的呼聲”屬下的有線電視“麗的映聲”。

到了 1963 年，麗的映聲的中文電視台正式啟播。

1967 年 11 月 19 日，電視廣播有限公司的無綫電視正式啟播，從此電視開始在香港普及。

1969 年 9 月 24 日，港督主持設於赤柱的“衛星地面通訊站”啟用典禮。稍後，美國太陽神 12 號載人登月的情景，亦由該衛星站作直接傳送播映。

1967 年 11 月 15 日出版，每本售 2 毫的第一期《香港電視》。（圖片由吳貴龍先生提供）

佳藝電視的週刊，1976 年。

九龍塘廣播道（中），約 1972 年。前中部為香港電台，其左上為香港商業電台。

電視藝員鄭君綿，約 1975 年。

1970 年底，麗的呼聲有線廣播已有 4 萬用戶。

1972 年，當局修訂電視法案，增設兩個新無線電視台。

1973 年 8 月 10 日，麗的呼聲有線電視台（麗的電視），以及香港商業廣播電台，分別獲得兩個無線電視台的 15 年經營權。麗的之有線電視台亦改為無線播映。同時，該台的有線收音機廣播（麗的呼聲）亦宣告停辦。

同年，由商業電台經營的佳藝電視（簡稱"佳視"）啟播。自經營以來，一直處於弱勢的佳藝電視曾經易主，到了 1978 年 8 月 22 日，突然關門停業。

由英國集團經辦之麗的電視，境況亦不佳。到了 1978 至 1980 年間，曾有一中興局面。可是，於 1981 年出售予澳洲財團。到了 1982 年 6 月，再轉售予遠東集團的邱德根，並將"麗的電視"易名為"亞洲電視"。

九龍廣播道上的麗的電視及教育電視中心，約 1973 年。

電視台古裝劇的攝製情景。

十大影視紅星頒獎，可見電視藝員梁天（後排右一）、沈殿霞（後排右三）及何守信（後排左二）等，約 1975 年。

"播音皇帝"鍾偉明出席一頒獎禮，1980 年。

無綫電視的劇集，約 1982 年。

銅鑼灣道的報檔及女報販，1974 年。

1959 年，香港有中文報紙 20 多份。當時出紙近十大張，每份售 2 毫的
"大報"為《華僑日報》和《星島日報》。其他日報包括：《工商日報》、《香港
時報》、《成報》、《大公報》、《文匯報》、《自然日報》、《超然報》、《新生日報》、
《香港商報》、《紅綠日報》、《中英報》、《環球報》、《晶報》、《真欄日報》、《先
生日報》、《越華報》。

此外，還有復刊的《循環日報》，當年創刊的《明報》及《新報》，以及兩
份以色情為主，又名"響尾蛇"的《香港日報》，和一份"響尾龍"。亦有一份
以彩色印刷的《銀燈日報》。《華僑日報》、《星島日報》及《工商日報》為政
府指定有效刊登法律性公告的報章。

晚報則有：《華僑晚報》、《星島晚報》、《工商晚報》、《新晚報》及《新生
晚報》。

英文報紙有：《南華早報》，及其屬下的週刊之《南華星期先導報》、《虎
報》及後來正名為《中國郵報》的《德臣西報》（The China Mail）。

1960 年創刊的報紙包括：《中報》、《自由報》，以及彩色印刷的《明燈日
報》和《天天日報》。

於當年 11 月 1 日出版的《天天日報》，每份售 2 毫，但稍後則改售 1 毫。

當年的其他報紙還包括：雙日刊的《天文台》、週刊的《公教報》、《週末
報》、《星島週報》、《自由前線》、《新聞天地》，以及英文的《遠東經濟評論》
（Far Eastern Economic Review）。

雙週刊則有：《東西》及《今日世界》。

位於告士打道與盧押道交界的香港時報社（所在現為筆克大廈），
約 1960 年。其左方的大樓為六國飯店。（圖片由吳貴龍先生提供）

順流遊流

當時的中文日、晚報一般出紙為一至兩大張，《華僑》、《星島》及英文報章則出紙約十大張。兩份中文大報皆有不少專欄，如攝影、音樂、繪畫、集郵、書法、飲食、旅遊、體育、家庭及青少年園地等。

多份報章皆有藝文版，當中以《星島日報》由葉靈鳳主編的"星座"，以及鄭郁郎主編的"眾星"欄，還有《大公報》的"文林"及"文采"版，皆有很高的水準。

差不多每份報紙皆有漫畫，包括李凌翰的《大隻廣》、雷雨田的《烏龍王》、李凡夫的《大官》、陳子多的《太平山下的故事》、香山阿黃的《阿靚》、王澤的《老夫子》、李惠珍的《十三點》。還有其他著名漫畫家如王司馬、李瑜、麥正、袁步雲及鄭家鎮等名作，皆大受歡迎。當時亦有多份漫畫日報和週刊。

多份報紙都以副刊為賣點，亦有以武俠小說為標榜者。《大公報》的《射鵰英雄傳》、《萍踪俠影錄》；《明報》的《神鵰俠侶》；《新報》的《仙鶴神針》等皆為表表者。

馬經及足球版亦為報紙的主要內容；此外亦有多份以賽馬為主的"馬報"及"馬簿"。

1960 年代初，《星島》的出入口船期和股市欄為商界及投資界所必需者。

1960 年代新出版的日報有《快報》、《新岷日報》、《華聲報》、《田豐日報》、《盈科日報》、《每日漫畫》及《漫畫天下》等。後者後來改為《天下日報》。

新創刊的晚報則有：《正午報》、《真報》、《新午報》、《南華晚報》、《香港夜報》、《新聞夜報》及《世界夜報》等。當時的《華僑晚報》及《工商晚報》，皆分別刊印第一、二以至第三次版，最暢銷的是《星島晚報》。

英文報章於 1960 年代增加了一份《星報》(Star)，稍後亦出版中文版。亦有兩份中英對照的報紙，包括《中西日報》和週刊的《香港週報》(Hong Kong Weekly Press)。

《新報》，1968 年。

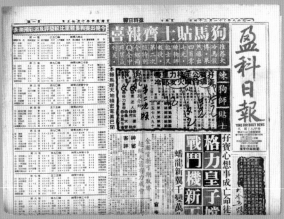

《盈科日報》，1968 年。

《星島晚報》，1969 年。

《香港夜報》，1969 年。

1967 年，《田豐日報》、《新午報》及《香港夜報》三份報章，被飭令停刊，三報的負責人亦以言入罪而被捕。

由 1945 年和平後開始，大部分報章售價為 1 毫，到了 1973 年才加價至 2 毫。

每日下午，不少報攤將兩份報紙摺疊在一起，售價 1 毫，被稱為"拍拖報"。

1969 年，遠東交易所成立，股市大受市民注視，不少報紙增添股市專欄及股評文章。當年，一份以股市新聞及評論為主的《明報晚報》出版，該報多位受歡迎的作者，包括林行止及曹仁超等，於 1973 年另起爐灶，創辦《信報》。

1960 至 1970 年代，稱為"字花"的非法賭博流行，尤其吸引普羅的婦孺及大眾。部分報章於 1960 年代中起，除加添色情內容外，亦有不少令人"摸不着頭腦"的"漫畫"，其實是"字花"的"花題"（貼士）。此等報紙往後逐漸被淘汰。

《真欄日報》，1970 年。頭版的下端有所謂民間漫畫的"字花"貼士。

1976 年 9 月 19 日的《田豐日報》，頭條為一天前的毛澤東主席追悼大會。

1984 年的報攤，右下方為"拍拖報"。

1970 年代的報紙有：《東方日報》、《早報》、《晨報》、《新星日報》、《新電視》、《綠邨報》及《今夜報》等。無綫電視及佳藝電視啟播後，有多本有關電視台的刊物出版，報章亦有專欄。

1974 年，老牌英文報章《中國郵報》(《德臣西報》) 停刊，是較為令人注目的新聞，當時留下一 "郵報精神永存" 的口號。

1970 年代後期，自港督麥理浩訪問北京之後，報章開始增加有關香港前途推測及評論的文章。中英有關香港問題談判期間，大量中外記者前往北京採訪，熱烈場面一直維持至中英《聯合聲明》簽署為止。

就在《聯合聲明》簽署的 1984 年，有中英文《星報》，以及創辦於 1925 年的《工商日報》、《工商晚報》停刊。不過，在當年年底，香港仍有 46 份日報和 10 份晚報。

約 1990 年的荷李活道，左方為華僑日報社。

皇后大道中近利源東街的《星島日報》辦事處，約 1990 年。
右方為連卡佛公司，這一帶街頭於凌晨為報販的分發中心。

飲食場所

香港近代社會影像 1960－1985

順流逆流

　　1960 年，由男女名伶演唱粵曲的歌壇復興，港九多間茶樓，如高陞、添男等，以及酒家酒樓，如金陵、月宮、高華、金漢、香檳、皇宮及大中華等，皆有歌壇之設置。

　　當中位於皇后大道中 100 號，高陞茶樓歌壇的主理人徐柏楨，曾邀得擅唱白駒榮腔的古腔唱家李銳祖，演唱古腔名曲，包括《寶玉哭靈》等多首。全部用李氏本人精心製作之竹樂器，大小共七件拍和。為顧曲周郎津津樂道的盛事。

　　1961 年起，政府向附設於酒樓的夜總會徵收娛樂稅，劃一入場券為 2元，另稅 4 毫。

　　當時的夜總會計有：

　　港島的月宮、夏蕙、建國、百樂門、藍天、仙掌及麗宮等。

　　九龍的金鳳、金漢、漢宮、香檳、新雅、樂宮樓、花都、國賓、百樂及金冠等。

位於佐敦道與炮台街交界的龍如茶樓酒家，約 1965 年。

街邊的東風螺小販，約 1963 年。

順流逆流

　　1966 年起開業的酒樓夜總會，較著名的有皇后大道中萬年大廈的京華、海運大廈的海天。1970 年代則有北角的新都城、百德新街的珠城、海洋中心的海洋、彌敦道的國際、窩打老道的慶相逢，以及新世界中心的海城等。不少著名的演藝界紅人及名歌星，皆曾在上述的夜總會獻藝。

　　1960 年 1 月，市政局着手整肅街道食肆的大牌檔及小販檔，以改善衛生，市政局及警方嚴格執行。當局執行大牌檔兩枱八椅的規定。

　　1961 年，不少大酒樓、酒家開始供應涼粉、綠豆沙、豬皮、豬紅及雞腳等街邊小販的食品，把大牌檔的生意搶走。

　　1960 年代開業的食肆，包括：北角英皇道的北大菜館、軒尼詩道由萬有茶樓改營的龍圖酒樓、中區於仁大廈的於仁酒樓、告羅士打行的告羅士打酒樓、上海街的陸羽居酒家、現信和中心所在的龍華茶樓、大埔道的榮華茶樓，以及佐敦道的龍如酒家等。異軍突起的是 1968 年開設於星光行的翠園，往後發展為包括美心等之龐大飲食集團。

由銅鑼灣邊寧頓街西望渣甸街，約 1965 年。左方為燈籠洲街市。

　　1960 至 1970 年代的著名小館子式食肆，包括先後位於砵典乍街（石板街）及威靈頓街的鏞記、中央戲院旁餘慶里的合記、鴨巴甸街的山海和寶榮、荷李活道的仁和及會源樓、西區香馨里的斗記、兩興和尚興、結志街的源源、永樂東街的春源，以及美輪街尚為大牌檔的九記等。

　　此外，還有上海街的富記、神燈及長沙街的昇平等多間。

　　上述食肆，不少為高朋滿座、門限為穿者。當中以鏞記的燒鵝、合記的大蝦粥、九記的清湯牛腩及斗記的潮州魚麵，為膾炙人口者。

　　1960 年代的著名西式食肆，當中的餐廳及茶餐廳，有位於德輔道中的馬來亞、威靈頓、天華、蘭香室、京滬、龍記、紅寶石，以及干諾道中的蘭香閣和華人等。令人感意外的是位於連卡佛大廈，"威士文"（Wiseman）原址的美心餐廳於 1967 年宣告停業。

　　皇后大道中的餐廳有美利權、占美廚房、華翠閣、金門及美蘭。

　　此外，還有東區莊士敦道的波士頓、蘭芳道的金雀、白沙道的太平館及軒尼詩道的金馬車等。

　　至於九龍的餐廳，則有金巴利道的紅寶石、彌敦道的車厘哥夫、雄雞、"ABC 愛皮西"，以及新樂等多間。還有大埔道的嘉頓餐廳。

　　當時亦有以雪糕馳名的西式食肆，首推為雲咸街的順記。大規模者為港九皆遍設分店的安樂園餐廳和飲冰室，不少開設於戲院旁。分店眾多的還有以夏天賣雪糕，冬天賣臘味而馳名的"皇上皇"。

　　此外，港九亦有多間冰室，供應飲品和餅食。當時，政府規定這些冰室禁止出售烹飪食品，包括牛扒以至通心粉等，此規定稍後才予以放寬。

街市蔬果食物攤販與顧客，1962 年。

露天食檔的食客，約 1970 年。

位於中環皇后大道中 40 號的金門餐室，約 1970 年。其對面勝利大藥房的西鄰為商務印書館。

沙田墟對出海面之海鮮舫沙田畫舫，約 1963 年。

中秋月餅，百多年來皆為港人自奉及送禮佳品。1960至1970年代，月餅名店為各大茶樓酒家，包括：蓮香、高陞、得雲、第一樓、龍門、雙喜、龍鳳、瓊華、榮華、得如等。還有包括振興、祥利、奇華、奇馨、泰山、安華泰山等多間餅家餅店。

1960年代港九較大規模的麵包餅店，有紅棉、金門及嘉頓，各有數以十間計的分店，亦為月餅名牌。前兩者現已停業，嘉頓月餅近年亦鮮見。

1970至1980年代，多間著名的食肆，隨着樓宇的重整改建而消失，包括酒家酒樓的大同、建國、大華、告羅士打、金城、襟江、國民、江蘇、廣州、海天、金冠及漢宮等；以及茶樓的高陞、富隆、正心、得男、龍鳳及雲天等。還有包括美利權、華翠閣和蘭香室等知名西餐廳。

由堅拿道東望羅素街，約1979年。右方的電車廠於1990年代初被改建為時代廣場。當時的羅素街為露天市集，兩旁全為食品及熟食攤檔。

位於文咸街及永樂街交界的南便上環街市，約 1974 年。

位於灣仔告士打道的六國飯店（酒店），1986 年。內有酒樓及夜總會。（圖片由何其銳先生提供）

第十九章

辦館、士多
與超市

由戰前至 1970 年代，不少大百貨公司皆設有洋酒、食品及凍肉部。先施、永安、大新及中華之"四大公司"的禮券，在當時很受歡迎，原因之一是可在任何一間公司換購洋酒。

不過，經營此種生意的主要為辦館。二戰和平後的知名辦館十分多，當中包括：亞洲、均泰隆、何智記、昌興、兩益、泰和、捷榮、通泰、榮生祥、鴻昌，與及牛奶公司屬下的大利連和惠康、屈臣氏屬下的百佳等。

由 1950 年代起，亞洲、大利連、惠康及百佳等，皆以超級市場的形式經營。當時的顧客主要為外籍人士及高消費的華人。

大街小巷亦開設不少士多，以便市民採購包餅、糖果、零食及飲品。亦有很多米店、雜貨店、柴炭舖等，以供應市民飲食的必需品。

1960 年代，規模最大的超級市場，是由牛奶公司（Dairy Farm）及連卡佛（Lane Crawford）合資，創設於 1945 年 8 月 17 日剛和平時期的"大利連"（Dairy Lane），1960 年代已有十多間門市。而同為牛奶公司屬下的惠康，則只有爹核行（現永安集團大廈）的一間，至約 1970 年，才在包括百德新街等處陸續開設分支。當時第二多分支的超市是百佳。

位於淺水灣的百佳超級市場，1971 年。

一間銅鑼灣區的雜貨舖，1974 年。

由"北便上環街市"（西港城）望德輔道中，約 1965 年。右方掛有花牌的是銀龍酒家，其樓下有"永行"及"春和盛"兩家辦館。

位於正街與第一街交界的惠康超級市場，1992 年。

銅鑼灣區一間士多及糖果店，1974 年。

赤柱的百佳超級市場，1974 年。

1972 年，置地公司成功兼併牛奶公司後，將大利連及惠康大加發展，在各區大量開設分支，以及轉化為適應普羅大眾的口味，另亦出售中國食品和罐頭，以及五公斤裝的白米。俟後，不少傳統的米店、糧食店、酒莊及士多等，逐漸被淘汰。

1970 年代中，有多間新超級市場開幕，不少是由辦館變身而成的，計有：通泰、大西洋、志聯、均泰隆、香港、第一、愛民、華昌、兩益、三昌、百惠，以及規模較大的華潤、亞洲、建煌、瑞榮及國際等。

1990 年代中，大利連的名稱，全被惠康所取代。

銅鑼灣區的生果店及士多，1974 年。

第
二
十
章

百貨與工展會

香
港
近
代
社
會
影
像
1
9
6
0
–
1
9
8
5

　　直到 1960 年，香港的主要百貨公司為老牌的先施、永安、大新、中華、瑞興，以及一間位於德輔道中 24 號的中國國貨公司；而外資公司則為連卡佛及惠羅。

　　戰後的百貨公司有集中於皇后大道中的龍子行、龍光行、美美、萬成、義生發、陳永漢及義興。另外，有德輔道中的占飛、利源、協昌、威儀等。

　　至於九龍的百貨公司，則有李家園、四五陸、公興及永茂等多間。

　　由 1956 年起，有多間國貨公司在港九開業。除中國外，還有：中建、裕華、中僑、大華、中孚、中邦、華豐及新中華等多間。早期的裕華位於港島的永吉街，以及德輔道中先施公司的東鄰者。部分公司如中僑，亦開設大規模的工藝品分公司。但最知名的工藝品公司，是於 1960 年開設於中環亞細亞行 (現中匯大廈) 的“中藝”。國貨公司的貨品因價廉實用，深受市民歡迎。

　　最受人注目的百貨公司，是於 1960 年歲末，在銅鑼灣記利佐治街開業的日資大丸百貨公司，其殷勤服務及開放式陳列，除吸引大坑區一帶的富戶外，還有各區的消費者。

　　此後，更多日資百貨公司在港開業，包括松坂屋、伊勢丹、三越、東急、八百伴、吉之島及崇光等。不過，由 1990 年代起，包括大丸在內的多家日資百貨，陸續結業。

皇后大道中面向畢打街的亞細亞行，約 1961 年。
樓上為中藝工藝品公司，左方為美羅公司。

1974 年的利園山道。右方的地盤是即將興建三越百貨公司的興利中心。可見軒尼詩道上的方方公司及商務印書館。

六、七十年代，亦有多間百貨公司開業，最著名的是同一集團的大人、大元、人人，及大大等，其新式氣派和風格，亦吸引了市民的注視，此外還有美羅、香港珠城、元光及吉利市等多間。

不過，由於競爭激烈，以及市民口味的轉變，不少百貨公司於 1970 年代起陸續結業，當中包括老牌的大新、瑞興及中華。至於大型國貨公司，現時只餘下裕華和華豐。

德輔道中的連卡佛大廈及百貨公司，約 1975 年。
該大廈即將清拆以興建置地廣場。

約 1965 年的德輔道中。右方為與德忌利士街交界的占飛百貨公司，左方的人力車旁為百貨商店及攤檔雲集的利源東街。

1963年，在紅磡新填地（現紅隧出入口處）
舉辦的第 21 屆工展會之大會入口。

每年一度，於冬天接近聖誕節時舉辦的嘉年華會式"工展會"，為市民購物的好去處，因為普羅市民對大百貨公司仍不大敢"高攀"。

1960 年 12 月 6 日，第 18 屆工展會開幕，設於金鐘海軍船塢舊址，有一耀目的大門樓，蓋搭於干諾道中與美利道交界，入場費 2 毫，門券可用作工展小姐的選票。

翌年的工展會，略去"華資"二字，名稱為"香港工業出品展覽會"。有包括"英美煙草公司"等外商參展；亦包括滙豐、渣打等外商銀行，但仍以華資為主。是年的攤位比賽冠、亞、季軍分別為：益豐金錢牌熱水瓶、嘉頓，及香港鋁業聯營公司。可是工展會在開幕第三天的 12 月 7 日發生大火，大部分攤位遭焚毀。經緊急重建後再行開放，展期延長十天。

由 1963 年的第 21 屆工展會起，因為原海軍船塢的金鐘區着手發展和開闢道路，展覽會改在紅磡新填地，即現海底隧道出入口一帶舉辦。1967 年，在此舉辦的第 25 屆銀禧工展會，入場人數為紀錄新高的 200 萬。

由於興建紅隧，工展會於 1960 年代後期，移至灣仔新填地，即現中環廣場及稅務大樓一帶舉辦，直至 1973 年第 31 屆止。

此後，工展會停辦，直到 1994 年起才分別在會展中心、金鐘添馬區（現政府總部及立法會大樓所在），以及維多利亞公園恢復舉辦，迄至現今。

1963 年工展會參展商，包括伊人恤、星光塑膠、利工民線衫及開達玩具廠的攤位。

中環利源東街，街上的裁縫店及攤檔的衣物頗受歐美遊客歡迎，約 1960 年。

由中環皇后大道中上望德己立街購物區，道路兩邊店舖林立，約 1960 年。

約 1956 年的尖沙咀，郵船 "克里夫蘭總統"
號正泊近九龍倉的一號橋（碼頭）。

第二十一章

旅遊

　　根據報章資料，旅遊業在 1960 年已成為香港繁榮的主要動力。來港觀
光遊客的增長率每年約為 25%，極之快速，若非酒店不足，增長率會更大。

　　創建於 1910 年代中的九龍酒店，位於中間道與漢口道交界，離火車站
十分近。1950 年代末，酒店被改建為設有馬可勃羅酒店的新半島大廈，樓下
為滙豐銀行分行。

　　1960 年落成的酒店，有尖沙咀的國賓及帝國。同時，亦有一間位於旺角
彌敦道 635 號的新雅酒店，內設酒樓、夜總會和餐廳。

　　1960 年，有美商用 1,400 多萬元，投得美利操場的地段，以興建 25 層高
的希爾頓酒店，於 1962 年落成。

　　1961 年 11 月 17 日，位於漆咸道與金馬倫道之間，有 450 個房間的百樂
酒店開幕，由華人代表周錫年爵士剪綵。

　　而置地公司名下，於干諾道中由皇后行改建的文華酒店，在 1963 年落
成，為足可與半島酒店分庭抗禮的國賓級酒店。

　　同時，半島酒店的幻彩噴水池與勞斯萊斯車隊，亦為中外人士及遊客的
注目點。

　　自不少外景在香港拍攝的電影《蘇絲黃的世界》(*The World of Suzie
Wong*) 於 1961 年在全世界公映後，來港遊客更多。酒吧、夜總會林立的灣
仔大佛口，以及文武廟一帶的荷李活道，旋即成為新景點。不少位於荷李活
道的印務館、酒莊、士多以至棺木店等，紛紛變身為吸引遊客消費的古玩店。

約 1965 年的中環銀行區。左方為希爾頓酒店及拱北行（所在現為長江中心）。

梳士巴利道的青年會、半島酒店及喜來登酒店，約 1975 年。（圖片由何其銳先生提供）

1965 年，首次在香港舉辦的"世界旅遊大會會議"，在大會堂隆重開幕。

1966 年 3 月 1 日，英國的瑪嘉烈公主訪港，期間出席"英國週"活動，並在剛落成的海運大廈，為"英國工業展覽"主持揭幕禮。

同年 3 月 22 日，建築費達 7,000 萬元的海運大廈，由港督戴麟趾揭幕。內設大量中西商店及食肆。實際為郵輪碼頭的海運大廈，亦是香港首座大型商場，隨即成為市民及遊客消閒和購物的熱點。

1969 年，有 800 個房間的香港酒店，在海運大廈旁建成，並設有一海運戲院。

1968 年，來港遊客的數字突破 60 萬大關。

1972 年，山頂纜車站上被稱為"新老襯亭"的新觀景台落成。同年落成的還有銅鑼灣的利園，及東角的怡東酒店。至於尖沙咀的喜來登酒店，則於 1973 年落成。

1972 年 5 月 11 日，馬會撥款 7,800 萬元，在黃竹坑興建"海洋水族館"（即海洋公園）。海洋公園於 1976 年落成，大受市民及海外遊客歡迎。

同年 6 月 2 日，三個財團投資 1 億 2,000 萬元，在銅鑼灣興建內設碧麗宮夜總會的"世界貿易中心"。

1975 年，訪港遊客突破 130 萬。到了 1978 年，超過 200 萬人，酒店供不應求。

由 1978 年起，港人外遊及內遊（前往改革開放的大陸旅遊）之風氣大盛。

1980 年代初，內地對外更加開放，經港北上的商旅大量增加。加上港元匯價對多種外幣處於低點，同時酒店客房大量增加，使香港的旅遊業每年皆創出佳績。

約 1970 年的中環心臟區。可見希爾頓酒店（右）及文華酒店。文華前方為第二代卜公碼頭。
圖片前方的美利大廈於 2014 年進行改裝為酒店的工程。左下方為落成不久的纜車總站大廈。

1970 年的尖沙咀。前方的太古倉及藍煙囪碼頭稍後拆卸以興建新世界中心。正中的停車場旁開始興建喜來登酒店，亦可見半島酒店以及星光行旁落成不久的香港酒店。半島酒店的右方為馬可勃羅酒店、國賓酒店、重慶大廈及凱悅酒店。

第二十二章 賽馬與體育

1960 年 1 月，頭獎彩金約 100 萬元 (可購中小型樓宇約 100 層) 的大馬票，吸引大量 "發橫財夢" 的市民購買。位於遮打道皇后行 (現文華酒店)、德己立街 5 號 (現世紀廣場)、北角英皇道及彌敦道 382 號 (與加士居道交界) 的馬會之馬票發售場，皆出現長長的人龍。

同年 1 月 2 日，策騎名駒 "滿堂春" 出賽的名騎師司馬克 (Samarcq)，墮馬身亡。一年後，另一正職為青洲英坭經理的騎師李路 (Neel)，亦墮馬喪生。

1950 年代後期起，由星島報業機構主辦的環島步行比賽，於每年 7、8 月間舉行。職業為消防員的蘇錦棠榮獲多屆冠軍，被稱為 "神行太保"。

1961 年，賽馬會被冠以 "皇家" (Royal) 字樣，名稱由 "香港賽馬會"，改為 "英皇御准香港賽馬會"。

同年 12 月 28 日，男童軍 50 周年金禧大露營，在西貢大埔仔舉行，由港督柏立基檢閱。

1962 年 7 月 7 日，第一期政府獎券開彩。

1964 年 3 月 6 日，發生搶購春季大馬票狂潮，馬票賣至斷市，銷數創戰後最高紀錄。

1967 年 9 月 17 日，舉行全港渡海泳賽，王敏超、廖少華分獲男女冠軍。

同年 11 月 28 日，四名騎師被裁判為 "未盡全力"，被馬會罰停賽一年。

被稱為 "馬簿" 的賽馬手冊，1978 年。

《晶報》的馬經版，1968 年。

在太子道西旺角大球場的球賽在進行中，約 1965 年。

在界限街遊樂場舉行的球賽，約 1965 年。

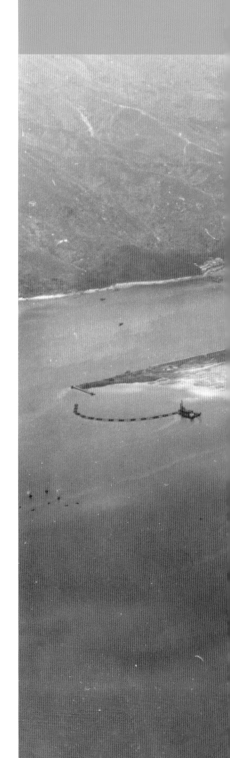

1971 年男童軍鑽禧紀念郵票首日封，蓋銷大露營營地臨時郵局的郵戳。

1960 至 70 年代，市民熱衷觀看球賽，實力強大的球隊有：南華、九巴、消防、愉園、傑志、東方、東華、東昇、警察、元朗、流浪、怡和、精工及寶路華等。各電台的足球旁述節目，大受歡迎。

1971 年 3 月 10 日，騎師彭利來涉及"毒馬案"及"蠱惑馬"被捕，審判後被判入獄。

同年 3 月 16 日，馬會舉行特別大會，議決通過賽馬職業化。

7 月 23 日，男童軍 60 周年鑽禧紀念，在屯門舉行大露營，港督主持揭幕。

1973 年 10 月 17 日，港督准許馬會於場外接受投注，初期的地點多數為各戲院的票房，後來在各區遍開場外投注站，宣稱藉此以打擊熾熱的外圍賭博投注。

同一日，馬會首次舉行夜馬賽事。

1974 年 11 月 26 日，內地足球選手首次來港出賽一場，為 25 年來的首次。結果內地隊勝香港隊 5 比 2。

1975 年 9 月 1 日，獎券管理局開辦"多重彩"（又稱"四重彩"）獎券，但投注並不熱烈。

1976 年 11 月 24 日，馬會開始在公共屋邨開設"場外投注站"，以打擊外圍非法賭博。

1976 年，當局推出"六合彩"，以取代"多重彩"，漸受歡迎。亦因此導致馬票於 1977 年之後停止舉辦。

正在填海的沙田馬料水及興建中之馬場，約 1975 年。

1978 年，700 名馬伕罷工，停止拖馬，導致賽馬臨場取消，為開埠以來的首次。

同年 10 月 7 日，沙田新馬場由港督麥理浩主持剪綵揭幕，並進行歷史性的首天賽事。

1982 年 10 月 31 日，沙田銀禧體育中心，由根德公爵主持啟用禮。

1986 年 2 月 20 日，廉署人員將十名包括練馬師、騎師及商人等帶署調查，經起訴及審訊後，分別被判入獄、罰款、停賽及吊銷資格。這是自 1971 年 "毒馬案" 之後，另一宗涉及操控賽馬結果的大案。

同年 9 月 26 日，本港保齡球選手車菊紅，在第 10 屆漢城亞運會上奪得一面金牌，為本港參加亞運以來之 "零的突破"。

剛落成的紅磡體育館，1986 年。

第
二
十
三
章

電影與娛樂

1960 年 10 月 24 日，彩色京劇藝術影片《楊門女將》，在港上映滿一個月，觀眾已逾 20 萬。

同年 11 月 2 日，馬師曾、紅線女在廣州拍攝的影片《佳偶天成》，在港上映時有 40 萬人觀看過。

1960 年，《華僑晚報》選舉的國、粵語十大明星，揭曉如下：

國語：丁皓、尤敏、李麗華、陳厚、張揚、葉楓、葛蘭、趙雷、嚴俊、樂蒂。

粵語：白雪仙、任劍輝、林鳳、吳君麗、梁醒波、曹達華、新馬師曾、鳳凰女、羅劍郎、羅艷卿。

1960 年 6 月，香港小姐選舉冠軍為張慧雲。1962 年的冠軍為龐碧光。

1961 年 7 月 21 日，中環的陸海通大廈落成暨皇后戲院開幕。首映電影為《錦繡華堂》（*The Ladies Man*）。同年 8 月 15 日，皇后戲院上映名片《蘇絲黃的世界》。

半個月後，真正的蘇絲黃接受記者訪問，述及自己的身世。她的真實姓名為王月蘭，是一日本軍長之女，生下四女三男，當時仍在酒吧工作。

1960 年國慶期間，由廟街南望佐敦道。左方的快樂戲院正在上映《楊門女將》。

　　由中外紳商名流創辦之"鄉村俱樂部"，於 1961 年 12 月開幕。有基本會員 400 名，18 至 20 歲的青年會員 200 名。

　　1962 年，港人日趨西化，粵劇開始走下坡。粵劇上演時間一般三、四個小時，被認為過長、沒有適當供上演場地。加上"埋班"經費因時演時輟以致短缺而"埋不成班"，不少粵劇名伶改為拍粵語片。

　　相反，電影業因人口增加而急速發展，1962 年港九共有戲院約 70 間。

　　除香港小姐外，1962 年亦有"香港美人"選舉，於尖沙咀美麗華酒店舉行。當年冠軍為張瑤，由上屆冠軍美人主持加冕。冠軍將往美國長堤 (Long Beach) 參加"世界美人"選舉。

　　1961 年 11 月，警方指令港九戲院嚴格執行一人一票入場的法例。

　　1961 至 1962 年間，外國著名影片包括《賓虛》(*Ben-Hur*)、《六壯士》(*The Guns of Navarone*)、《風雲羣英會》(*Spartacus*)、《所羅門王與貴妃》(*Solomon and Sheba*) 及《瑞士家庭魯賓孫》(*Swiss Family Robinson*) 等。同年，受注目的粵語影片包括《仙鶴神針》及《鳳閣恩仇未了情》。

大戲（粵劇）大佬倌麥炳榮和鳳凰女，約 1962 年。

1964 年 3 月 5 日，邵氏、電懋兩大影業機構結束搶拍風潮，訂立和平協議。

同年 6 月 20 日，台灣民航客機失事墮毀，包括電影懋業有限公司 (電懋) 董事長陸運濤夫婦等多名香港電影界聞人罹難。

同年 7 月 17 日，四屆影后林黛，在大坑寓所殞命。

1965 年 1 月 31 日，新蒲崗彩虹道的啟德遊樂場開幕，董事長為前鄉議局主席何傳耀。

同年 2 月 8 日，粵劇名伶李海泉逝世，在九龍殯儀館治喪。訃文上，其長男，巨星李小龍的名字為 "源鑫"。

1966 年，西片《仙樂飄飄處處聞》(*The Sound of Music*)，創造了 240 萬元的最高賣座紀錄。 此紀錄要到 1971 年，才被李小龍主演，賣座 300 萬元的《唐山大兄》打破。

1970 年代初，最賣座的電影為李小龍主演的武打片。除《唐山大兄》外，還有《精武門》、《龍爭虎鬥》等。

此外，當時電影的色情尺度十分寬鬆，大量 "三點畢露" 及 "纖毫畢現" 的色情片在上映，被稱為 "大銀幕的小電影"。

影后林黛，約 1962 年。　　　　　　　　　　　長城公司影星石慧，約 1962 年。

影星葉楓，約 1961 年。

台灣歌星青山，1973 年。　　　　　長城公司電影《大學生》的劇照，右為主角鮑起
　　　　　　　　　　　　　　　　靜，約 1975 年。

　　1971 年，着手將粵劇改良。首先是"大龍鳳"及"慶紅佳"兩個粵劇團，將冗長的粵劇由每齣四小時縮短為兩小時，而一晚四小時內上演兩齣粵劇。即觀眾只需花一場的票價便可欣賞兩場大戲。因頗受戲迷歡迎，有不少劇團跟風。

　　同年，多首台灣歌曲，包括《今天不回家》等在港大受歡迎，以致用"藝霞"、"藝虹"等為名的多個台灣歌舞團在港演出亦吸引大量捧場客。有歌舞團創出連演 200 多場的紀錄。當年，瘋魔香港歌迷的包括台灣女歌星姚蘇蓉。

　　1973 至 1974 年，孫泳恩、張文瑛先後當選香港小姐。1976 年的香港小姐為林良蕙。當年的環球小姐選舉亦在香港舉辦。1977 年的香港小姐為朱玲玲。

　　如日中天的武打巨星李小龍，於 1973 年 7 月 20 日在寓所離奇暴斃。在九龍殯儀館治喪時，有大量影迷瞻仰。

　　此後，在影壇大領風騷的是許冠文、許冠傑兄弟，其拍製以社會題材為主的幽默粵語片，包括《鬼馬雙星》、《天才與白痴》等，皆十分賣座。

　　1970 年代，電影的票房紀錄以百萬元計。到了 1980 年代初，多部票房過千萬的電影出現，包括《投奔怒海》、《少林寺》及《難兄難弟》等。

　　其中電影《摩登保鑣》，創造了放映 37 天，收入 1,700 萬元的紀錄。此紀錄要到 1982 年 2 月，才被放映 34 天，收入 2,600 多萬元的《最佳拍檔》打破。

　　1982 年，粵劇恢復興旺。羅文、汪明荃、米雪及盧海鵬主演之《白蛇傳》、雛鳳鳴的《李後主》，以及李寶瑩、羅家英組成"勵羣劇團"，上演唐滌生所編之戲寶劇目，皆大收旺場。

　　1985 年，位於灣仔的香港演藝學院落成，並同時啟用。

1970 年在香港上映的 "革命現代京劇"《智取威虎山》的劇照。

參考資料： 《星島日報》1959-1965 年

《文匯報》、《大公報》、《華僑日報》、《工商日報》
1960-1975 年（部分）

《香港年鑑》，華僑日報編印， 1959-1987 年

Hong Kong Annual Report, Hong Kong
Government Press, 1958-1988

鳴謝： 胡楊銘榴女士

何其銳先生

吳貴龍先生

香港大學圖書館